慈禧太后传

王道成 著

北京联合出版公司

自　序

慈禧太后是晚清统治集团中最关键的人物。咸丰十一年（1861），她在以奕䜣为首的贵族、官僚和帝国主义侵略者的支持下发动政变，夺取政权，以垂帘听政、训政的名义统治中国达四十七年之久。晚清历史上发生的许多重大事件，都和她有着密切的关系。自清末以来，国内外出版了许多有关慈禧太后的著作。但是，迄今为止，还没有一本符合历史实际的慈禧太后专著。且不说那些外传、逸事大都出于作者的虚构，即使是被称为实录、纪实之类的书籍，也往往并不可靠。譬如：清代祖制叶赫那拉的女儿不备宫闱之选；惠征病死安徽，慈禧姊妹扶柩回京，吴棠馈赠银两；慈禧原是宫女，因擅长南方曲调，得到咸丰的宠幸；等等。这些传说，不仅成为戏剧、小说广泛采用的素材，一些严肃的历史著作也往往作为史实加以征引。然而，一加考察，却都并非事实。简单的问题尚且如此，更不用说那些复杂的问题了。我认为，对于一个历史人物存在不同的看法是完全正常的，但是，在评价历史人物的时候，必须遵循实事求是的原则，切忌主观性和片面性。倘有取舍，即非全人，一经抑扬，更离真实。何况据以立论的基础并不真实呢！我这本小书，就是想把慈禧太后的一生勾画出一个符合历史实际的轮廓。限于水平，一定存在着许多缺点，甚至错误，希望得到海内外专家和广大读者的指正。

目 录

自　序 / 1

一、满洲世族 / 1

二、簪缨门第 / 13

三、宠压后宫 / 31

四、北京政变 / 45

五、惩儆奕䜣 / 63

六、再度垂帘 / 81

七、甲午风云 / 97

八、戊戌喋血 / 117

九、穷途末路 / 129

一、满洲世族

慈禧太后，那拉氏，祖居叶赫，所以人们称这个家族为叶赫那拉。叶赫，是被清王朝的祖先灭掉的，而慈禧则是清末的

图 1.1　慈禧像

最高统治者,她死后三年,清王朝就被推翻了。所以,关于慈禧,有一个非常流行的传说:慈禧复仇。据说,清王朝的祖先攻打叶赫的时候,大肆杀戮,叶赫部的男子几乎被杀光了。叶赫部的首领在临死之前发誓说:"我叶赫那拉即使剩下一个女儿,也要复仇。"但是,清王朝的祖先为什么要灭叶赫,却是众说纷纭:有人说是因为努尔哈赤在兴建一所祭神的殿堂时,从地下掘起了一块刻有"灭建州者叶赫"六个大字的古碑;有人说是因为努尔哈赤要"尽并四邻以张大国势";有人说是因为清太宗(皇太极)向叶赫求婚遭到拒绝;有人说是因为清王朝建立后,叶赫那拉族中有人"想用武力篡夺皇位"。至于谁在临死前发誓,也有各种不同的说法:有人说是杨吉砮,有人说是金台石,有人说是布扬古,也有人说是叶赫那拉的一位"无名英雄"。这些传说虽然各不相同,但是,它们说明的无非是叶赫那拉是清皇室的仇敌,这一家族在清王朝没有地位。于是,"祖制:宫闱不选叶赫氏"就成了当然的结论。

事情果真是这样吗?让我们看看叶赫那拉与爱新觉罗这两个家族相互关系的历史吧。

叶赫那拉的祖先,原本是蒙古人,姓土默特。始祖星恳达尔汉,灭扈伦那拉部,据其地,改姓那拉。那拉,是汉语"太阳"的意思。后迁叶赫河流域,遂号叶赫。星恳达尔汉传子席尔克明噶图,席尔克明噶图传子栖尔哈那,栖尔哈那传子诸孔厄,诸孔厄传子太杵。太杵生二子:长子名清佳砮,次子名杨吉砮。太杵死后,兄弟二人都做了贝勒。依险筑二城,清佳砮居西城,杨吉砮居东城。叶赫的力量日益强大,"人多望风归附，拓地益广，军声所至，四境益加畏服"。就在这个时候，两个家族之间的关系开始了。

明万历十一年（1583），努尔哈赤的祖父觉昌安、父亲塔克世被明军误杀，为了给祖父和父亲报仇，努尔哈赤脱离明总兵李成梁，投奔叶赫。叶赫贝勒杨吉砮对他非常器重，"加礼优待"，把小女儿孟古姐姐许配给他，"赠马匹甲胄，且使兵护卫"，将努尔哈赤送回建州卫。

万历十三年（1585），杨吉砮和清佳砮被明巡抚李松、总兵李成梁诱杀，清佳砮的儿子布寨、杨吉砮的儿子纳林布禄继为贝勒。万历十六年（1588）三月，李成梁又领兵攻叶赫，叶赫兵损失惨重，布寨、纳林布禄被迫投降。这年九月，纳林布禄将他十四岁的妹妹孟古姐姐送到赫图阿拉（在今辽宁省新宾满族自治县）与努尔哈赤成婚。努尔哈赤"率诸贝勒迎之，大宴礼成"。这就是史书上说的孝慈高皇后。万历二十年十二月二十五日（1593年1月27日），她生下一个儿子，这就是后来的清太宗皇太极。

以上事实，不仅说明杀害杨吉砮的不是努尔哈赤，而且在杨吉砮生前，叶赫那拉和爱新觉罗这两个家族之间的关系是十分亲密的。

但是，这两个家族之间的友好关系并没有保持下去。

万历十九年（1591）正月，叶赫贝勒纳林布禄派遣宜尔当阿、摆斯汉出使满洲，要求努尔哈赤将额尔敏、札库木二地割让一处给叶赫，并和哈达、辉发、乌喇一起尊叶赫为盟主。这种无理要求，遭到努尔哈赤拒绝。接着，纳林布禄又和哈达、辉发两部贝勒合谋，各自派遣使臣，对努尔哈赤进行恫吓。纳林布禄的使者图尔德在宴会上宣称："我主云：欲分尔地，尔不与；欲令尔归附，尔又不从。倘两国兴兵，我能入尔境，尔安能蹈我地耶？"努尔哈赤听后，非常气愤，"引佩刀断案"，严词驳斥，并将同样的内容写成书信，派遣巴克什阿林察送往叶赫，要他在布寨、纳林布禄面前宣读，"倘畏其威势，则居彼无复来见"。从此，这两个家族之间的关系就日益恶化了。

此后不久，长白山所属朱舍里、讷殷二路，引叶赫兵劫掠努尔哈赤所属东界洞寨。万历二十一年（1593）六月，叶赫贝勒布寨、纳林布禄纠合哈达贝勒孟格布禄、乌喇贝勒满泰、辉发贝勒邦音达里合兵劫掠努尔哈赤的户布察寨。同年九月，布寨、纳林布禄又纠合哈达、乌喇、辉发、蒙古科尔沁、席北、卦尔察、朱舍里、讷音等九部，发兵三万，分三路进攻满洲。努尔哈赤率兵迎战，大败"九姓之师"，阵斩叶赫贝勒布寨，生擒乌喇贝勒布占泰，"斩级四千，获马三千匹，铠甲千副"。这一战役，使得努尔哈赤"军威大震，远近慑服"。

万历二十五年（1597）正月，叶赫、哈达、乌喇、辉发同时派遣使臣向努尔哈赤求和，"愿复缔前好，重以婚媾"。叶赫贝勒布扬古（布寨之子）愿将他的妹妹嫁给努尔哈赤，金台石（纳林布禄之弟）愿将他的女儿嫁给努尔哈赤的第二个儿子代善。努尔哈赤接受了他们的请求，"具鞍马铠胄为聘"，并杀牛宰马，对天盟誓。两个家族之间的关系有所改善。

不久，蒙古将领穆哈连窃取蒙古名马四十匹，投奔努尔哈赤。纳林布禄却夺去马匹，并将穆哈连执送蒙古。金台石又将许配给代善的女儿，改嫁蒙古喀尔喀部贝勒介赛。盟约遭到了破坏。

万历三十一年（1603）九月，孝慈高皇后病危，想见见自己的母亲，努尔哈赤派人到叶赫迎接，纳林布禄不许，只派了孝慈高皇后乳母的丈夫南太前往探视。努尔哈赤对南太说："汝叶赫诸舅，无故掠我户布察寨，又率九姓之国合兵攻我。汝叶赫、哈达、乌喇、辉发四国，因起兵开衅，自服厥辜，刑马歃盟，祭天盟誓，愿联姻通好。汝叶赫背盟，将许我国之女，悉嫁蒙古。今我国妃病笃，欲与母诀，又不许。是终绝我好也。汝如此，两国已复相仇，我将问罪汝邦，城汝地，不汝讳也。"不久，孝慈高皇后病逝，努尔哈赤非常悲恸，"丧殓祭享仪物悉加礼，不饮酒茹荤者逾月"，过了三年，才把她埋葬在尼满雅山岗。

万历三十二年（1604）正月，努尔哈赤出兵攻叶赫，攻下二城、七寨，俘获二千余人。万历四十一年（1613）正月，努尔哈赤灭乌喇，乌喇贝勒布占泰逃往叶赫，努尔哈赤多次派人向叶赫要人，叶赫置之不理。九月，努尔哈赤率兵四万攻叶赫，攻下大小城寨十九处，尽焚其庐舍粮储，收兀苏城降众三百户而还。

这时，哈达、辉发、乌喇三部，都已先后被努尔哈赤消灭。叶赫向明求援，明遣使令努尔哈赤"自今以后，勿侵叶赫"，并遣游击马时楠、周大岐"率练习火器者千人，守卫叶赫二城"。

万历四十三年（1615）六月，叶赫贝勒布扬古将十九年前许婚努尔哈赤的妹妹,改嫁蒙古喀尔喀部贝勒巴哈达尔汉之子莽古尔代,满洲诸贝勒大臣听到这一消息,都很愤怒,劝努尔哈赤出兵征讨叶赫及其支持者明王朝。努尔哈赤认为时机还未成熟,没有采纳。

万历四十四年正月初一(1616年2月17日),努尔哈赤称帝,国号后金,建元天命,以这年为天命元年。

天命三年(1618)四月,努尔哈赤率步骑兵二万征明,临行,书七大恨告天。这七大恨是:

> 我之祖、父,未尝损明边一草寸土也。明无端起衅边陲,害我祖父。恨一也。明虽起衅,我尚欲修好,设碑勒誓。凡满、汉人等,毋越疆圉;有敢违者,见即诛之;见而放纵,殃及纵者。讵明复渝誓言,逞兵越界,卫助叶赫。恨二也。明人于清河以南,江岸以北,每岁窃逾疆场,肆其攘夺。我遵誓行诛,明负前盟,责我擅杀,拘我广宁使臣纲古里、方吉纳,挟取十人,杀之边境。恨三也。明越境以兵助叶赫,俾我已聘之女,改适蒙古。恨四也。柴河、三岔、抚安三路,我累世分守疆土之众,耕田艺谷,明不容刈获,遣兵驱逐。恨五也。边外叶赫,获罪于天,明乃偏信其言,特遣使臣,遗书诟詈,肆行陵侮。恨六也。昔哈达助叶赫,二次来侵,我自报之。天既授我哈达之人矣,明又党之,挟我以还其国。已而哈达之人数被叶赫侵掠。夫列国之相征伐也,顺天心者胜而存,逆天意者败而亡。何能使死于兵者更生,得其人者更还乎?天

建大国之君，即为天下共主，何独构怨于我国也？初扈伦诸国，合兵侵我，故天厌扈伦起衅，惟我是眷。今明助天谴之叶赫，抗天意，倒置是非，妄为剖断。恨七也。欺凌实甚，情所难堪。因此七大恨之故，是以征之。

"七大恨"是努尔哈赤对明用兵的宣战书。七条之中，就有四条和叶赫有关。可见，叶赫那拉与爱新觉罗两个家族之间的关系已经无可挽回了。

天命三年（1618）九月，在明经略杨镐的授意下，金台石的儿子德尔格勒领兵侵犯后金，"克一寨，俘四百七人，斩八十四级"。明赏赐叶赫"白金二千两，彩缎表里二十"。天命四年（1619）正月，努尔哈赤对叶赫进行报复，深入叶赫境内，经克亦特城、粘罕寨，至叶赫城东十里，克大小屯寨二十余。叶赫向明开原总兵马林告急，马林率兵来助，见后金兵势强盛，不战而退。努尔哈赤亦班师回国。

同年二月，明派遣山海关总兵杜松、赵梦麟，保定总兵王宣，辽阳总兵刘铤，辽东总兵李如柏，开原总兵马林等统兵二十万，号称四十七万，分四路向后金进攻。努尔哈赤集中优势兵力，大败杜松、王宣、赵梦麟兵于萨尔浒。其他各路，相继被击溃。这次战役，叶赫亦出兵参战，至开原中固城，听说明兵已败，大惊而遁。六月，努尔哈赤攻开原，叶赫派兵二千人往援。开原被攻下后，叶赫又派人与明联络，准备收复开原。

八月，努尔哈赤又率贝勒诸臣统大军征叶赫。努尔哈赤命四大贝勒率护军围西城，他自己率八固山额真督大军围东城。

后金军破东城，城中兵民俱降，金台石携妻及幼子登所居高台，死守顽抗。尽管努尔哈赤一再满足了他提出的要求，他始终不肯投降。"引弓杀守台军士，夺路直入后室，举火尽焚其宫室。"被后金军擒获，将他"缢杀"。西城的布扬古虽然被迫投降，但是，态度傲慢，见到努尔哈赤的时候，"仅屈一膝"，"偏向，酒不尽饮，沾唇而已。又不拜而起"。努尔哈赤认为他仍然心怀仇怨，在当天晚上，也派人将他"缢杀"了。

但是，努尔哈赤毕竟是一位有远见的政治家。他虽然杀掉了叶赫的两个首领，但是，对他们的亲属和叶赫军民并没有大肆屠戮。后金军攻破东城的时候，俘获了金台石的儿子德尔格勒。金台石曾经提出，如果让他的儿子和他见面，他就投降。皇太极让人把德尔格勒找来，德尔格勒再三劝他父亲投降，金台石不从。皇太极想将他杀掉，努尔哈赤不同意，说："子劝父降而不从，父之罪也。父当诛，勿杀其子。"皇太极带着德尔格勒去见努尔哈赤，努尔哈赤将自己吃的东西赐给皇太极，让他和德尔格勒一同吃。努尔哈赤对德尔格勒说："汝与吾子，姑表兄弟也。当一心事吾，宁讵肯负汝先人与皇后乎？"又对皇太极说："此尔之兄也，善遇之。"金台石和布扬古的许多亲属，不仅没有被杀害，有的亲属还得到后金军的保护。当金台石举火焚台的时候，他的妻子乘机带着小儿子沙浑从台上下来，投奔皇太极，他的弟弟阿三拉住她的袖子，逼她自杀。金台石的妻子生气地说："吾子沙浑在，安得死？汝欲何为也！"这时，后金兵从四面拥来，阿三匆匆投火自焚，金台石的妻子和小儿子才得以不死。"其叶赫诸城军民，皆弗罪。父子、兄弟、夫妇、亲戚，不令离散，财物毫无所取，俱徙其人而还。给以田庐、廪给、器用。无马者千余人，并给以马。"所谓"颇行杀戮，男丁罕免者"，是不符合事实的。

叶赫，作为明王朝统治下的一个地方政权是不存在了，但是，叶赫那拉这个家族却并没有被消灭，而且得到后金政权的信任，在清王朝建立的过程中，立下了汗马功劳，从而成为满洲的八大世家之一。只要看一看《八旗满洲氏族通谱》《清史列传》《清史稿》等书，就可以看出这个家族在清代是何等显赫。

清王朝建立后，金台石的儿子德尔格勒封为三等男；尼雅哈授骑都尉，任郎中。孙子索尔和加至一等男，兼一云骑尉，历任吏部侍郎；鄂色，任内大臣；明珠，历任内务府总管、宏文院学士、刑部尚书、都察院左都御史、兵部尚书、吏部尚书、武英殿大学士，加太子太傅，晋太子太师。曾孙穆占，任征南将军；揆叙，历任翰林院掌院学士，兼礼部侍郎、工部左侍郎、都察院左都御史；揆芳，和硕额驸。玄孙永绶，历任兵部侍郎、副都统。布扬古的弟弟布尔杭武，封三等男。儿子葛巴库，加至一等男；诸孔额，任副都统、议政大臣。孙子音图，任吉林乌喇将军；富拉塔，任刑部尚书。侄孙禅岱，历任吏部侍郎兼佐领。金台石的族弟阿什达尔汉，授一等轻车都尉，历任理藩院尚书。因为他是孝慈高皇后的弟弟，天聪六年（1632），皇太极赐给他舅舅的称号。他的儿子席达礼，任理藩院侍郎，赠太子少保。金台石的族人苏纳，是努尔哈赤的女婿，屡立战功，是清王朝的第一任兵部尚书。苏纳的儿子苏克萨哈，历任领侍卫大臣，加太子太保。顺治十八年（1661），与索尼、遏必隆、鳌拜同受顾命为辅政大臣。苏纳的另一个儿子孔固济，又与清皇室联姻，称多罗额驸。苏纳的孙子札克丹，任领侍卫内大臣兼佐领。苏纳的叔父拜珠瑚的儿子巴达纳，是额驸。拜珠瑚的玄孙二格，历任议政大臣、工部侍郎、都察院左副都御史。

以上仅是活跃于清代前期政治舞台上的叶赫那拉氏的一小部分，但是，这些事实已足以说明叶赫那拉这一家族在清代的地位。光绪十五年（1889）正月，在一篇册封慈禧的侄女叶赫那拉氏为光绪皇后的册文中说她"教秉名宗，瑞钟华阀"，正是就这个家族在清代的地位而言的。

既然叶赫那拉的子孙可以担任清王朝的要职，可以成为清皇室的额驸，也就不可能有什么叶赫那拉的女儿"不备宫闱之选"的祖制。事实也正是如此。

根据《清实录》《清史稿》《清皇室四谱》《清列朝后妃传稿》的记载，在慈禧之前，列朝皇后妃嫔中姓叶赫那拉的，除孝慈高皇后之外，还有努尔哈赤的侧妃、皇太极的侧妃、乾隆的舒妃。姓那拉氏的有努尔哈赤的大妃和另一侧妃，皇太极的继妃和一位庶妃，顺治的一位庶妃，康熙的惠妃、通嫔和两位贵人，雍正的孝敬宪皇后，乾隆的一位皇后，道光的和妃。这些那拉氏，虽然不全是叶赫那拉的后代，因为，叶赫、乌喇、哈达、辉发以及满洲的其他地方都有那拉氏，"虽系一姓，各自为族"。但是，在他们之中，甚至在一些"未详何氏"的妃嫔之中还有叶赫那拉氏，则是可以肯定的。

咸丰皇帝的一生，共有皇后妃嫔十九人。过去，我们只知道慈禧是叶赫那拉氏。最近，我们从中国第一历史档案馆保存的档案中发现，原来被《清史稿》《清皇室四谱》《清列朝后妃传稿》称为"不知氏族"或"不详何氏"的璷妃、玮嫔、玉嫔，都姓叶赫那拉。可见，叶赫那拉的女儿"不备宫闱之选"的祖制是并不存在的。慈禧的被选入宫，只不过是叶赫那拉与爱新觉罗这两个家族之间早已有之的婚姻关系的继续而已。

二、簪缨门第

关于慈禧的家庭，过去人们谈得最多的是她的父亲惠征，对于其他的家庭成员则很少甚至根本没有提到。对于惠征，又有各种不同的说法。有人说他是一个"挂冠归林"的大将军，有人说是"因事褫职"的正黄旗参领，有人说是因"带印脱逃革职"的安徽徽宁池广太道。一种相当流行的说法，则是他死于任上。恽毓鼎《崇陵传信录》说：

> 孝钦（慈禧太后）父任湖南副将，卒于官。姊妹归丧，贫甚，几不能办装。舟过清江浦，时吴勤惠公棠宰清江，适有故人官副将者，丧舟亦舣河岸。棠致赙三百两，将命者误送孝钦舟。复命，棠怒，欲返璧。一幕客曰："闻舟中为满洲闺秀，入京选秀女，安知非贵人？姑结好焉，于公或有利。"棠从之，且登舟行吊。孝钦感之甚，以名刺置奁具中，语妹曰："吾姊妹他日倘得志，无忘此令也。"既而，孝钦得入宫，被宠幸，诞穆宗（同治皇帝）。妹亦为醇贤亲王福晋，诞德宗（光绪皇帝）。孝钦垂帘日，棠已任知府，累擢至方伯，不数年，督四川。棠实无他材能。言官屡劾之，皆不听。殁于位，易名曰惠，

犹志前事也。

以上情节，在许多有关慈禧的著作中都可以看到，只是，惠征的官职有安徽候补道、福建漳汀龙道、芜湖海关道等不同的说法罢了。

慈禧入宫前的生活，有人说是赖她的亲戚穆扬阿的"提挈"，有人说是靠义父吴棠的"周恤"，有人说是恃为人家哭丧的收入糊口。还有人说，由于慈禧出身贫贱，以致东城某一油盐店的店主常常"以粗笨之手戏夹其鼻"，甚至向她提出："我正要娶个小妻，你肯屈就，保你享福。"无端的调戏，使得慈禧悲愤交加，当天就病倒了。

关于慈禧的家庭和身世的传说，过去就有人表示过怀疑。早在 20 世纪初，英国人濮兰德、白克好司在《慈禧外纪》一书中说："近来每多谣传，述慈禧太后出身之微：盖出于宫中诸人怨恨之心，或出于皇族长支之所言。因之，慈禧之身世及其家庭琐事颇传之民间，以俭薄那拉氏之族，而一时诽诋之议论，亦引起阅者愤激之心。"但是，几十年过去了，慈禧的家庭和入宫前的情况究竟怎样，却始终是一个谜。

1982 年，笔者根据中国第一历史档案馆收藏的档案，结合有关的历史文献，对慈禧的家族、家庭和入宫之初的身份进行了考察，写成了《慈禧的家族、家庭和入宫之初的身份》一文。1985 年，俞炳坤先生写成了《慈禧家世考》，对慈禧的家庭进行了详细的考证。由于资料缺乏，有些问题还有待作进一步的研究。但是，历史的迷雾已经拨开，我们可以确有把握地说慈禧的家庭是一个簪缨门第了。

慈禧的家庭，原属满洲镶蓝旗。咸丰十一年（1861）七月，咸丰皇帝病死于热河避暑山庄（在今河北省承德市），皇长子载淳即位，生母懿贵妃被尊为皇太后，不久，上徽号为慈禧。北京政变后，慈禧与慈安一起垂帘听政。按照清朝的制度，有"皇太后、皇后丹阐（满语，意为母家）在下五旗者皆抬旗"的惯例，于是年十二月二十五日（1862年1月24日）发布上谕："慈禧皇太后母家着抬入镶黄旗满洲。"从此，慈禧的母家就不再是属于下五旗的镶蓝旗，而是上三旗的镶黄旗了。

慈禧的曾祖父吉郎阿，其生年、出身以及入仕的途径，现在虽然还不清楚，但是，在乾隆五十一年（1786），他已任内阁中书，并被列为京察三等，说他"操守谨，政事平，才具平，年力壮"，考语是"供职"。京察，每三年一次。他参加京察，说明了他在乾隆五十一年之前就已经担任此职。嘉庆六年（1801）已升至六品中书，并被列为京察二等，说他"操守谨，政事勤，才具长，年力壮"，考语是"勤职"。同年十一月二十一日（1801年12月12日），考取了军机章京，奉旨在军机处记名。嘉庆九年（1804）四月，奉命入军机处充当军机章京。军机处，总揽军国大计，是清王朝用人行政的中枢，称为枢廷。这个机构，人数不多，有官无吏，军机大臣和军机章京，均为原职兼任。军机大臣，没有定额，初为三人，以后增加到四五人、八九人，最多时到十一人，在满汉大学士、尚书、侍郎等官员内特简，或由军机章京升任。军机章京，初无定额,由军机大臣在内阁中书及六部司员中择取任用。嘉庆四年(1799)规定:满、汉章京各十六人,均分为二班,每班八人,各以一人领班。另设额外章京无定额。由内阁、六部、理藩院保送中书、郎中、员外郎、主事、笔帖式等官,由军机处考取引见记名,以次传补。保送的条件是:"先取人品端庄,参以文理清顺,字画工楷。"军机章京主要从事撰拟谕旨、抄录密件,以及收发文书、登记档案等机要工作。因为军机章京能接触机密,熟悉政情,经常接近军机大臣,所以容易升迁,被人们视为升官的捷径。吉郎阿升任军机章京以后,工作出色,嘉庆十二年(1807),列为京察二等。同年,升任内阁侍读。十四年(1809),出军机处,调署户部银库员外郎。十五年(1810),正式补授,管理银库事务,又列为京察二等。十八年(1813),调任刑部员外郎,并定为京察二等。在嘉庆十八年满文《在京官员俸银册》中,我们看到了吉郎阿任员外郎的记载。但是,在嘉庆二十一年(1816)、二十二年(1817)、二十三年(1818)的《在京官员俸银册》中,吉郎阿的名字就不再出现。道光二十三年(1843)四月,定郡王载铨等在向道光皇帝呈报的《已故银库司员、查库御史有无子孙出嗣清单》中说:吉郎阿"由刑部员外郎故"。看来,大约在嘉庆十九年(1814)或二十年(1815),吉郎阿就已经在刑部员外郎任上去世了。

  慈禧的祖父景瑞,生于乾隆四十五年(1780),监生出身。结业后,其父吉郎阿花钱给他捐了一个笔帖式,签分太仆寺学习行走。嘉庆十一年(1806),补授笔帖式。明年,派往张家口办理牧厂事务。嘉庆十八年（1813），升授盛京（今沈阳）刑部主事。二十一年（1816），调回北京，任刑部清档房主事。二十三年（1818），兼秋审处行走。道光元年（1821），升任山东司员外郎，派掌广西司印。十一年（1831），升河南司郎中。十六年（1836），派充秋审处坐办。十七年（1837），京察，保列一等引见，奉旨准其一等加一级。同年十一月，简放杀虎口税务监督。十八年（1838），差满回京。二十一年（1841），京察，保列一等引见，又奉旨准其一等加一级。同年七月，再次引见，奉旨交军机处记名，以道府用。同年八月，派充律例馆提调。二十二年四月二十三日（1842年6月1日）奉旨：往江苏以知府差遣使用。可是，二十五日，由吏部带领引见时，道光皇帝认为他"才具平庸"，不胜知府之任，着回原衙门行走，其京察一等亦被注销。于是，景瑞仍回刑部郎中原任。

　　道光二十三年（1843）三月，京城揭露了一起户部银库大量亏空库银的巨案。这个案件，牵涉到景瑞的父亲吉郎阿，并由此给景瑞以至他的一家带来了一场严重的灾祸。

　　事情的起因是：道光二十二年（1842）五月，万泰银号老板张亨智为其子张利鸿报捐知州，已投递呈结，领有付咨，尚未上交银两。十月，一个名叫周二的人到张家探望，谈起平时相识的监生吴德泰等托他交纳捐项。张亨智也请他顺便代为交纳。这时，张亨智又为其长子张利瀛由主事加捐员外郎，刚递呈结，尚未领取付咨，又托周二预为挂号。不久，张亨智将上述情况告诉了在银库充当库丁的弟弟张诚保，要他在周二交银时予以照应，早点上库。十一月初二日，周二将几个人的捐款合计一万一千四百七十四两装了十一个口袋，雇车押往银库交纳。这天，正好张诚保值班，负责进库捐银过秤报数。因交银的人很多，周二交银时，张诚保在匆忙之中将第二秤误报为第三秤。但是，查库御史和库官没有发现，竟照记为三秤。张诚保见有机可乘，于报第七秤时，故意报为第十秤，查库御史和库官又没有发现，照记为十秤。在场的库丁都看在眼里，心照不宣。当天，张诚保将剩下的四口袋银子，趁未及交纳捐银的人往回运银之际，运往库丁住房。由于库丁之间分赃不平，事情透露出去。有人听到风声，乘机敲诈，勒索不遂，就向南城吏目衙门告发。南城吏目衙门将此案移送刑部审讯。刑部审出弊端漏洞，当即上报。道光皇帝对此案极为重视，于道光二十三年正月十八日（1843年2月16日），谕令军机大臣会同刑部严行审讯。

这一案件的发生，引起了道光皇帝对国库存银的严重关注。二月二十四日发布上谕："户部银库未经盘查，各项存贮银两，着派惟勤、阿灵阿会同裕诚、赛尚阿详细盘查确数，据实具奏。"惟勤等奉命后，立即带领人员进行清查。据户部银库呈送的档册记载，截至道光二十三年三月初七（1843年4月6日），应实存银一千二百十八万二千一百余两。但是，盘查的结果，新旧常捐等款均与应存之数相符，而旧存正项饭银，较之账面，亏空竟达九百二十五万二千余两之多。三月二十六日（4月25日），惟勤等将盘查情况如实奏报。道光皇帝见到奏折非常气愤，用朱笔批了十一个字："朕愧恨愤急之外又将何谕！"其实，这个批语，只不过是一时愤激之言。当天，他就发布谕旨说这"实属从来未有之事"，痛斥查库、管库官员"丧心昧良，行同背国盗贼"。他委派定郡王载铨，军机大臣穆彰阿、赛尚阿，尚书敬征、裕诚查办这一案件。自嘉庆五年以后，历任管库及历次查库王大臣，均着交部查取职名，严加议处。"所有历任管库司员、查库御史并丁书人等，着逐细查明，严行治罪。其现在亏短库银，应如何分别罚赔及设法弥补之处，即着细心妥议具奏。"

三月二十六日，道光皇帝谕令将现任稽查三库的满、汉御史即行裁撤。三月三十日，又谕令将嘉庆五年（1800）至道光二十三年（1843）历次派出的管库司员和查库御史，由吏部查明现有官职，先行革职，并将已故各员之子孙有无出仕及现任何官，详细确查，开单具奏，一并交载铨等从严查办。四月初八，又把现任管库和查库王大臣全部革职。并且决定：自嘉庆五年起至道光二十三年，历任库官、查库御史各按在任年月，每月罚赔银一千二百两，已故者由他们的子孙照半数代赔。管库王大臣每月罚赔银五百两，查库王大臣每月罚银六千两，已故各员照数减半。

据载铨等奏报：历任管库王大臣中，现在任职的有二十七员，应罚赔银三十二万六千两。已故的有八十一员，减半罚赔，应赔银三十九万一千八百五十两。历任银库司员中，现在任职的共一百六十员，应罚赔银一百三十四万六千两。已故的有八十员，减半罚赔，应罚赔银七十七万九千六百八十两。慈禧的曾祖父吉郎阿于嘉庆十四年（1809）已署银库员外郎，十五年（1810）补授，十八年（1813）调离，共在任三年。按规定，应罚赔银四万三千二百两。因为他早已死去，减半为二万一千六百两。按规定，已故司员应赔银两，由他现在做官的子孙代赔。所以，这笔赔款，就落到了当时正任刑部郎中的慈禧的祖父景瑞的头上。这飞来的横祸，对慈禧的家庭，无疑是一个沉重的打击。

按照当时载铨等奏定的追赔章程，景瑞必须在两年内将罚赔银两交纳完毕，否则革去官职，关进刑部监狱，继续追赔，即所谓"监追"。景瑞以为，这次追赔虽然来势很猛，但是，时间长了，就会不了了之，从而采取拖延搪塞的办法。开始时，他只拿出七十多两银子，敷衍应付，窥测风向。后来，看到追得很紧，特别是有些胆小怕事、任期短、赔银少的人都交了，他才陆续几十两、几百两地分批上交一些，到两年期满，总共只赔了一千六百两，仅仅是应赔银两的一个零头。户部再三催促，要他至少先交六成。过了好久，景瑞又勉强拿出了二百两银子，以为这样就可以应付过去。他没有料到，这次道光皇帝的态度竟十分坚决，经办追赔事宜的大臣也不敢草率从事。道光二十七年五月初六（1847年6月18日），大学士兼户部尚书潘世恩等奏请将景瑞革职监追。当天，道光皇帝批示：依议。随即将景瑞革职，监禁起来。

为了争取景瑞获释，慈禧的父亲惠征不得不千方百计筹措追赔银两，在一年多的时间里，陆续上交了九千多两银子。道光二十九年（1849），又上交了二千八百两，达到了应赔总数的百分之六十。这时，潘世恩等才奏请将景瑞释放，官复原职，并准其将剩下的百分之四十或者以田产抵押，或者全部扣发薪俸和养廉银，逐步偿清。五月二十六日，道光皇帝发布上谕："已革刑部郎中景瑞，应代伊父吉郎阿罚赔库款，业已完成六成。景瑞着即释放，并准其开复原官。余依议。"这个案件，到此告一段落。

景瑞复官之时，正值京察，因为他的年龄已超过六十五岁，吏部提出是否应予退休，请道光皇帝定夺。但是，道光皇帝没有圈定。咸丰二年（1852）京察，吏部提出的年龄超过六十五岁的退休官员名单中已不见景瑞的名字。可见，在道光三十年（1850）或咸丰元年（1851），景瑞就已经退休在家，过闲散的生活了。

咸丰五年（1855），慈禧的胞妹参加选阅秀女时，一份红色纸单上说惠征是"原任道员"，吉郎阿是"原任员外郎"，说明他们已不在人世，而景瑞则说是"闲散"，说明当时他还活着。咸丰十一年（1861），慈禧当了皇太后，同治元年（1862），追封外戚时，就说景瑞是"原任郎中"，看来，景瑞的卒年当在咸丰六年至十一年之间，活了将近八十岁。

慈禧的父亲惠征，生于嘉庆十年（1805），监生出身。道光十一年（1831），任笔帖式。十四年（1834），京察，定为吏部二等笔帖式。十九年（1839），为八品笔帖式。二十三年（1843），京察，定为吏部一等笔帖式。二十六年（1846），已升任吏部文选司主事。二十八年（1848）春，升任吏部验封司员外郎。二十九年（1849），是惠征一生中最为得意的一年。二月，京察，定为一等，由部引见，奉旨交军机处记名，以道府用。闰四月初，升任吏部验封司郎中，兼工部宝源局监督。

同月十七日，即被任命为山西归绥道道员。在短短的一个月中，惠征连升三级，由一个从五品的员外郎一跃而为正四品的道员。

山西归绥道，下辖归化城、萨拉齐、清水河、丰镇、托拉克、宁远和林格尔等七个直隶厅。主要职责是维持地方治安，兼管关税、驿传和蒙古事务。驻归化城（今内蒙古自治区呼和浩特市）。可见是一个要缺。这年七月，惠征携带眷属，走马上任，接管了归化城的税务，颇有成绩。到了年底，山西巡抚龚裕在向皇帝报告归化城一年税务情况的奏折中说"查现任归绥道惠征，接管归化城税务虽只数月，尚属实心办理"，建议仍令该道就近接管，以专责任。道光皇帝在这个奏折上批了"户部知道"四字，表示同意。

咸丰二年二月初六（1852年3月26日），咸丰皇帝发布谕旨，将惠征调任安徽宁池太广道。安徽宁池太广道分巡安庆、徽州、宁国、池州、太平五府和广德直隶州，计二十八县，兼管芜湖关税务，驻芜湖县。它的职权比兵备道、海关道要大。它和山西归绥道虽同属"冲繁难"的要缺，品级相等。但是，安徽宁池太广道，地处江南富庶之区，和归绥道相比，事务更加繁重，地位也更加重要。它不仅是一个要缺，而且是一个肥缺。所以，惠征这一次调动，说明他进一步得到了皇帝的信任和重用。

就在上述任命发布后两天，即二月初八、初九，惠征的十七岁的长女，也就是后来的慈禧太后参加选阅秀女，被咸丰皇帝选中。二月二十一日，敬事房太监口传谕旨：封那拉氏为兰贵人，并定于五月初九进宫。这对惠征来讲，可说是双喜临门。惠征在归化城交代了各项事务之后赶回北京，为女儿进宫之事又忙了一阵。直到女儿入宫之后，他才带着家眷前往安徽。七月，到达芜湖上任。

对于皇帝的恩遇，惠征感戴莫名，力图报效。他一方面大肆搜刮民脂民膏，一方面疯狂镇压人民起义。这年十二月，安徽巡抚蒋文庆在一封"恭呈御览"的密折中，夸奖这位四十八岁的道员"识见明通，办事详审。近委督率巡船，缉拿土匪，不遗余力"。他的表现，得到了上司的赏识。

正当惠征踌躇满志的时候，一场灭顶之灾却已向他袭来。惠征到任不久，太平军就对湖南省城长沙发动了猛烈进攻，由于久攻不克，转而攻取益阳，横渡洞庭湖，在占领岳州之后，即向湖北进军。咸丰二年十二月，先后占领了汉阳、汉口以及湖北的省会武昌。咸丰三年正月初二日（1853年2月9日），洪秀全率领大军数十万，战船万艘，自武昌出发，分水陆两路，顺流而下。一路势如破竹，锐不可当，九江、安徽相继告急。

这时，清廷任命两江总督陆建瀛为钦差大臣，督兵三千，增援赣、皖。陆建瀛想在湖北黄蕲等处堵截太平军，派兵进驻湖北武穴下游的老鼠峡。当清军抵达老鼠峡时，太平军已捷足先登，将清军杀得落花流水。咸丰二年十二月三十日（1853年2月7日），陆建瀛到达九江，经过几天休息，正要令部队登舟上驶，老鼠峡的败报又传来，士兵闻讯哗变。陆建瀛带了两只船十七个人，向南京狼狈逃窜。当他路过芜湖上游八十里的荻港时，得知仅有官兵千名驻防，感到攻守实难得力。他一到芜湖，就召集福山镇总兵陈胜元和安徽宁池太广道惠征商议，决定将荻港的守兵撤至芜湖下面三十里的东西梁山，将水师、陆军分别驻扎，多备火器，恃险固守。同时，将惠征调往梁山办理粮台。由于形势危急，惠征派人把家属护送到宁国府的泾县暂避，自己则带了印信银两同总兵陈胜元转移到东梁山。

咸丰三年正月十七日（1853年2月9日），太平军攻破安徽的省城安庆，巡抚蒋文庆被杀，其余的文武大员非死即逃。洪秀全在安庆稍事停留，随即带了缴获的藩库银三十万两和漕米四十余万石以及大批军火、炮械，浩浩荡荡，继续东进。在芜湖江面打了一仗，又大败清军。接着进攻东西梁山。这时，惠征押解饷银一万两，前往南京，但是，南京因形势危急，城门紧闭，只得转走镇江。江苏巡抚杨文定将他留在镇江继续办理粮台。三月初十，太平军占领南京。杨文定以为南京城高池深，尚且被太平军攻破，镇江形如釜底，更难防守。他一面派兵驻守白嘴头地方，以扼从龙潭、句容到镇江的通道，一面将管理粮台的人员移至镇江府的丹徒镇。于是，惠征又由镇江到了丹徒。

清军失败的折报，像雪片一般飞向京城。对于臣子们的无能，咸丰异常愤怒。当他得知钦差大臣、两江总督陆建瀛由九江折回江宁（南京），立即将陆建瀛革职。不久，又谕令江宁将军祥厚传旨拿问，委员交刑部治罪。二月十五日，咸丰向两江总督怡良，暂署两江总督、江苏巡抚杨文定，安徽巡抚李嘉端发出了六百里加紧的廷寄,要他们查办逃跑官员。上谕说:"逆匪自窜出武昌以后,扰及江西、安徽、江南,连陷城池,各该地方文武员弁,除守城殉难各员外,均有应得之罪。所有江西九江所属地方及安徽省沿江各府州县并江南省被贼处所,着该督、抚等查明该文武各员,有弃城先逃、临阵退避者,即行革职拿问,按律定拟罪名,迅速具奏,毋得稍有瞻徇迟延,致干重咎。"

李嘉端接到这道上谕,立即将当时在安徽的那些弃城先逃、临阵退避的文武官员,如布政使李本仁、按察使张熙宇,狼山镇总兵王鹏飞、副将赓音泰、游击德仁等先后革职拿问,并将他们的情况一一奏报。因为惠征当时不在安徽,情况不明。到三月二十日,李嘉端才根据听到的一些情况,附片参奏。他说:"安徽宁池太广道惠征,驻扎芜湖县,先闻其携带银两印信,避至江苏镇江府,今又闻其在宁国府属之泾县。""询问署藩司等官,皆未得其音问。"又说:"惠征分巡江南六属地方,一切事务,责无旁贷。何以所属被贼蹂躏,该道竟置之不理?即使护饷东下,而两月之久,大江南北,并非文报不通,乃迄今并无片纸禀函,其为避居别境,已可概见。除由臣另行查办外,所有芜湖道员缺紧要,相应请旨,迅赐简放,以重职守。"

三月二十六日,咸丰看到了李嘉端的奏片,当天就发出廷寄,严厉责问:"惠征身任监司,于所属地方被贼蹂躏,何以携带银两印信避至镇江、泾县等处?"并进一步追问:"惠征究竟现在何处?该抚所闻逃避处所是否确实,仍着查明据实具奏。惠征业已开缺,着即饬令听候查办。"同日,发布上谕:"安徽宁池太广道员缺,着龄椿补授。"

四月十六日,李嘉端又将查得惠征的情况附片具奏:

> 查三月三十日,准署两江总督臣杨文定咨称,安徽宁池太广道惠征,前经陆督院调赴东西梁山办理粮台,嗣因梁山失险,江宁(南京)城闭,该道护解银两来至镇江,经本署督部堂奏明留办粮台在案。四月十三日,泾县知县崔琳禀称,正月间,该县西城外河下来有宣船二只,内带火枪器械等物,问系本道眷属,现在城内王家巷居住。因外间谣言,皆云假冒,所存盘费银四千两,恐有疏失,现存该县库内候示。除由臣咨复署督臣,饬令惠征听候查办外……

四月二十日,咸丰在该片上批了"另有旨"三字,并在当天发出上谕:"芜湖道惠征,委办粮台、护解银两是否属实,仍着李嘉端确查具奏。"

但是,李嘉端对于查办惠征的问题,态度很不积极,从四月下旬到八月初整整三个多月中,没有奏报确查结果,直到得知惠征已于六月初三病故,才于八月初九附片具奏:

> 再,臣因前任安徽宁池太广道惠征,驻扎芜湖,于贼至时避居镇江,附片参奏。复查前署督臣杨文定咨会内称,该道惠征,经前督臣陆建瀛调赴梁山办理粮台,嗣梁

山失险，江宁城闭，将饷银护至镇江，已留办粮台等语。臣因该道于所属被贼蹂躏，置之不理，避至他境，恐有捏饰取巧情弊，咨准督臣怡良，饬赴庐州府听候查办。又闻该道有银五千余两，于家属避贼过泾县时寄存县库，未知是否官项，正在饬查。旋据前署藩司奎绶转据江苏镇江府申报，惠征于六月初三病故。又据泾县禀称，该道将县库寄存银拨出一千三百五两赔还芜湖被劫关税尾项，余悉提出，并将该道信函呈验等情。查该道既经病故，所有芜湖失陷，该道是否避至镇江之处，无从查询。惟该道函内声称，查明关税尾项系一千三百五两，自应有簿籍可凭，应饬提该道经手家丁讯明办理。谨附片具奏。

八月十四日，咸丰在这个奏片上朱批"知道了"三字，惠征的问题就此不了了之。

慈禧的母亲富察氏，生于嘉庆十二年（1807）。其父惠显，在道光年间，历任安徽按察使、驻藏大臣、工部左侍郎兼京营右翼总兵，最后调任归化城副都统，是清王朝的封疆大吏，位居二品的高级官员。所以，慈禧的母亲也是名门闺秀。惠征死后，富察氏拖儿带女，扶柩回京。但是，她们之中，没有慈禧；而她们的手中，至少有三千多两银子。所谓"贫甚，几不能办装"，是根本不符合事实的。

富察氏回到北京之后，住在西四牌楼劈柴胡同。这时，慈禧的祖父景瑞还在世，他们就住在一起。因为惠征排行第二，他有一个长兄，情况不详。另外，还有一个弟弟，名叫惠春。

惠征生三子二女：长子照祥，次子桂祥，三子福祐；长女即慈禧，次女即醇亲王奕譞的福晋。这个家庭，人口众多，住房拥挤。咸丰知道后，于咸丰六年十二月初二（1856年12月28日），谕令内务府："查官房一所，赏给前任道惠征家。"十二月初五，内务府官员查得西直门内新街口二条胡同路北官房一所，共计六十二间，其中东所房一十九间，已大半糟朽坍塌，正房四十三间，门房虽间有歪闪，其余尚属坚固整齐，院落亦属宽敞，堪以居住，奏请赏给前任道惠征家居住。咸丰当天就批了"依议"二字，于是，这所官房，就成了惠征家属的住宅。

咸丰十一年十二月十八日（1862年1月17日），慈禧的母家抬入镶黄旗满洲。同治元年八月十八日（1862年9月11日），慈禧的父亲惠征、祖父景瑞、曾祖父吉郎阿均被追封为三等承恩公，并分别赐谥端恪、庄勤和端勤。母亲富察氏、祖母瓜尔佳氏、曾祖母宗室（爱新觉罗氏）均为公妻一品夫人。同治五年十二月初五（1867年1月10日），慈禧又谕令内务府将朝阳门内方家园入官房间赏给她的胞弟照祥居住。于是，慈禧的母家又由新街口二条胡同迁到了方家园。同治九年（1870）六月，富察氏病死，慈禧以同治皇帝的名义赏银三千两，交照祥等祇领，经理丧事。同治十三年十月初十（1874年11月18日），是慈禧的四十岁生日。为了推恩母家，"照祥着挑御前侍卫，桂祥、福祐均着赏给侍卫，挑乾清门当差"。照祥袭三等承恩公，他的女儿于光绪十一年（1885）由慈禧指婚为贝勒载澍夫人。桂祥于光绪年间任副都统，他的两个女儿，一个于光绪十一年由慈禧指婚为载泽夫人，一个于光绪十四年（1888）由慈禧指婚为光绪皇后。因此，桂祥也被封为三等承恩公。福祐于光绪时升为头等侍卫，他的一个女儿，于光绪十一年由慈禧指婚为溥伦夫人。由于慈禧的母家居住在方家园，"一门两世，正位中宫"，于是人们称方家园桂祥的府第为"凤凰窠"。

三、宠压后宫

慈禧生于道光十五年十月初十（1835年11月29日），这个问题，一向没有争议。慈禧出生在什么地方，却有不同的说法。有人说，慈禧"生长南中"，所以"雅善南方诸小曲"。有人说，慈禧生于归化城，现在呼和浩特市新城有个落凤街，就是她当年的出生地。还有人说，惠征初任山西潞安府知府，慈禧就是生于潞安府衙的西花厅。前两种说法，可以说事出有因，因为慈禧的父亲的确在安徽宁池太广道和山西归绥道做过道员。但是，惠征在道光十一年（1831）至二十九年（1849）闰四月的十八年中，一直在北京做官。道光二十九年闰四月十七日（1849年6月7日），他被任命为山西归绥道道员的时候，慈禧已经十四岁了。呼和浩特市新城落凤街，怎么可能是她的出生地呢？惠征被任命为安徽宁池太广道道员，是在咸丰二年（1852）二月，他到任的时间，是咸丰二年七月，慈禧被选入宫，是在咸丰二年五月。已经被选入宫的慈禧，自然不可能随父赴任。她不仅没有"生长南中"，一生中也没有去过南方。至于第三种说法，则完全是无稽之谈。因为惠征根本没有做过山西潞安府知府，他的女儿是不可能生在潞安府衙西花厅的。从惠征的经历看，道光十五年（1835），他正在清王朝的中央机关吏部任笔帖式之职。我们可以肯定地说，慈禧的出生地就在北京，她酷爱京戏，这和她生长在北京是有密切关系的。

慈禧入宫前的生活，有许多传说，都和她的家庭有关，我在介绍她的家庭时已经谈到了。还有一个相当流行的传说，就是说荣禄是慈禧的未婚夫。在《西太后全史》的书中提到，惠征在京之时，与荣禄之父素称莫逆之交，时相过从。一天，荣禄之父来访，见到了年方七岁的慈禧，"聪慧可喜"，于是向惠征提出结为儿女亲家，得到惠征的同意。荣禄之父即解身上所佩之汉玉佩作为聘礼，惠征也以白玉环一副为报。后来，惠征病死安徽，荣禄之母素嫌惠征家境贫寒，对这桩婚事本来就不满意，这时更坚决反对。不久，慈禧被选入宫。于是，二人之婚事被硬生生拆散。然而藕断丝连，终于秽乱宫闱。

不错，在中国历史上，儿女还在年幼之时，就由父母做主结为婚姻之事，是屡见不鲜的。但是，在清代的旗人中，这种做法却是被禁止的。早在顺治年间（1644—1661），清政府就明文规定，八旗的女子必须参加选阅秀女，"有记名者，再行选阅，不记名者，听本家自行聘嫁。如有事故不及与选者，下次补行送阅。未经阅看之女子及记名女子私相聘嫁者，自都统、参佐领及本人父母、族长皆分别议处"。因为，选阅秀女的目的，是"择其幽娴贞静者入后宫及配近支宗室"。所以，清统治者对此非常重视。乾隆六年（1741），两广总督玛尔泰曾专折奏请为他十七岁的女儿完婚。因为他的女儿未经选阅，乾隆皇帝特降谕旨大加申斥。谕旨说："八旗女子，必须挑选后方准结亲，此本朝之旧制也。"又说："所有挑选旗人女子，原为与王、阿哥等挑选福晋（按：还有一个更重要的目的是皇帝自己挑选皇后、妃、嫔）；若未选之前，便与人许配结亲，不但有违旧制，似无奏事之责人员等之女，业经许人，朕并不知其详，另婚与人，大有关系。"最后，他命令户部通行晓谕八旗："嗣后将来未选女子，断不可私自与人结亲，务须照例挑选后，方准结亲。"惠征在吏部任职多年，对于清王朝的制度，理应十分熟悉，怎么可能在未经选阅之前就私自与人结亲呢？蔡东藩先生在《慈禧太后演义》的序言中说："坊间曾有《西太后》一编，卷帙无几，第述宫闱秽亵事，迹近污蔑，毫无价值，故不崇朝而毁灭。"他在编著《慈禧太后演义》时，采用了许多传说，对于慈禧太后和荣禄之间的感情纠葛却只字不提，其中的原因，是值得人们深思的。

慈禧入宫之初的身份是什么？相当流行的说法是宫女。有人说是秀女，在坤宁宫当差，半年之后，才封为贵人。其实，这里的秀女，只不过是宫女的另一种说法而已。值得我们研究的是，慈禧入宫之初是否做过宫女。为了弄清这个问题，我们不得不考察一下清代的宫闱制度。

清代的宫闱制度，是在清王朝建立之后逐步完备，到了康熙年间（1662—1722），宫闱制度才确立起来。《国朝宫史》卷八《典礼四·宫规》在谈到后宫位号时说：

本朝定制：皇帝尊圣祖母为太皇太后，尊圣母为皇太后，居慈宁、寿康、宁寿等宫，奉太妃、太嫔等位随居。皇后居中宫,主内治。皇贵妃一位,贵妃二位,妃四位,嫔六位,分居东、西十二宫,佐内治。自贵妃以下,封号俱由内阁恭拟进呈,钦定册封。贵人、常在、答应俱无定位,随居十二宫,勤修内职。

在谈到宫女子额数时说:

皇太后宫十二名,皇后宫十名,皇贵妃位下八名,妃位下六名,嫔位下六名,贵人位下四名,常在位下三名,答应位下二名。

该书编者在按语中说,这些条款是根据《钦定宫中现行则例》"开载编录"的。从《宫规》的记载,我们可以清楚地看出,清代后宫有两种人:一种是享有太皇太后、皇太后、皇后、皇贵妃、贵妃、妃、嫔、贵人、常在、答应等位号的"内廷主位";一种是供这些"内廷主位"役使的宫女子,也就是宫女。前者是主子,后者是奴才。她们之间的区别是十分明显的。

清代后宫,上至皇后,下至宫女,都在旗人女子中挑选,由于政治地位不同,旗人又有八旗和内务府三旗的区别。八旗有满洲八旗、蒙古八旗、汉军八旗,这是清政权的主要支柱。内务府三旗又称包衣旗,则是清皇室的奴隶。但是,在清王朝建立的过程中,一些包衣也立下了汗马功劳。因此,在内务府三旗中,也有一些官员世家。《红楼梦》作者曹雪芹的祖辈,就属于满洲正白旗包衣,是由于为清王朝的建立立下了汗马功劳而成为官员世家的。

清代前期,不论是八旗还是内务三旗应选的女子都称为秀女,但是,这两种秀女的挑选办法和她们在宫中的地位是不一样的。八旗秀女,每三年挑选一次,由户部主持。内务府三旗秀女,每年挑选一次,由内务府主持。八旗秀女,可备皇后、妃、嫔之选或赐婚近支宗室。内务府三旗秀女,虽然也有少数人被选为妃、嫔或赐婚近支宗室,如大学士高斌的女儿成了乾隆皇帝的贵妃,江宁织造曹寅的女儿成了多罗平郡王讷尔苏的福晋,而"后宫使令",则"皆内务府包衣女"。雍正七年六月初三(1729年6月28日)的上谕中说:"尔等留心切记,嗣后凡挑选使令女子,在皇后、妃、嫔、贵人宫内者,官员世家之女尚可挑入,如遇贵人以下,挑选女子,不可挑入官员世家之女。若系拜唐阿、校尉、护军及披甲、闲散人等之女,均可挑入。"后来,内务府三旗的官员世家,有的升入本旗,有的拨入汉军,到了清代后期,内务府三旗的应选女子就不

图 3.1 慈禧弈棋图

再称为秀女,而选阅内务府三旗女子,在档案中更明确地说是"引看包衣三旗使女"了。在清代后期,也有个别由宫女而成为妃嫔的。咸丰八年五月十五日(1858年6月25日),咸丰皇帝新封的吉贵人,就是内务府正黄旗维翰佐领下园户清远的女儿。但是,由八旗秀女而成为供后宫使令的宫女的事例,在有清一代,却一个也没有。

慈禧的家庭原属于满洲镶蓝旗,慈禧参加选阅秀女时,她的父亲惠征已是正四品的山西归绥道道员,慈禧被选入宫,怎么会是一个供使令的宫女呢?大量的清代档案和文献资料说明,慈禧一被选中就得到贵人的位号了。

道光三十年正月十四日(1850年2月25日),道光皇帝病危,召宗人府宗令载铨、御前大臣载垣、端华、僧格林沁,军机大臣穆彰阿、赛尚阿、何汝霖、陈孚恩、季芝昌,总管内务府大臣文庆,公启镡匣,宣示朱谕,立皇四子奕詝为皇太子。是日,道光皇帝病故,奕詝即位,改元咸丰,以明年为咸丰元年。按照清代的制度,皇子年满十五岁,都要赐婚。所以,早在道光二十七年四月初二(1847年5月15日),就由道光皇帝做主,将太仆寺卿富泰的女儿萨克达氏指立为皇四子奕詝福晋。道光二十八年二月,大婚礼成。但是,婚后不到两年,即道光二十九年十二月,萨克达氏就去世了。奕詝即位之后,于道光三十年十月,追封萨克达氏为孝德皇后。这时,咸丰的后宫,仅有一个他做皇子时的侍妾武佳氏。咸丰元年(1851),诏选秀女。由户部行文八旗二十四都统、直隶各省八旗驻防及外任旗员,将应阅女子年岁,由参领、佐领、骁骑校、领催及族长逐一具结，呈报都统，汇咨户部。户部奏准选阅日期，又行文到旗，各具清册，委参领、佐领、骁骑校、领催、族长及本人父母或亲叔伯父母、兄弟、兄弟之妻送至神武门，依次序列，候户部交内监引阅。选阅八旗秀女，主要是在紫禁城的御花园。引看之前，秀女都按旗分、年龄编排，一般每排五六人，也可以少到一人，多到七人。到预定日期，由内监带领，依次自神武门入顺贞门至御花园选阅。秀女皆立而不跪。乾隆以前，被选中的，在名单上记名，"有记名者，再行选阅"。到了乾隆的时候，不仅有名单，还有牌子。这种牌子，用薄木片制成，绿头白身，又名绿头牌。上写："某官某人之女，某旗满洲人（蒙古、汉军则书蒙古、汉军）年若干岁。"记名时，将绿头牌也留下，称为留牌子；不记名的不留，称为撂牌子。经过一再复阅，最后选定的，"或备内廷主位，或为皇子、皇孙拴婚，或为亲郡王及亲郡王之子指婚"。未被选中的秀女，就可以听本家自行聘嫁了。留牌子和撂牌子的制度，从乾隆时开始，一直沿用到清代末年。

因为选阅秀女有一系列的准备工作，到咸丰二年（1852）二月才进行选阅。与安徽宁池太广道惠征之女叶赫那拉氏同时入选的有广西右江道穆扬阿之女钮钴禄氏、主事庆海之女他他拉氏。选阅之后，咸丰就封钮钴禄氏为贞嫔，叶赫那拉氏为兰贵人，他他拉氏为丽贵人。因为，这时咸丰还在丧服期中，所以，这次入选的内廷主位以及他做皇子时的侍妾——即位后封为云嫔的武佳氏都没有进宫。二月十一日，专管宫内一切事务的敬事房口传："奉旨：贞嫔、云嫔于本年四月二十七日进内，兰贵人、丽贵人着于五月初九进内。"根据咸丰的上谕，内务府官员积极进行准备。咸丰二年四月十一日（1852年5月29日），咸丰亲自前往埋葬道光的慕陵宝城前行释服礼，二十七个月的丧服期到此结束。半个月之后，贞嫔、云嫔、兰贵人、丽贵人先后入宫。紫禁城内西六宫之一的储秀宫就成了兰贵人的住处。她入宫的前一天，供她使令的四名宫女就被派往储秀宫当差了。

在这次入选的内廷主位中，钮钴禄氏是最为幸运的。咸丰二年（1852）二月，她被封为贞嫔，同年五月二十五日，晋封贞贵妃。六月初八，即立为皇后。由于晋升很快，她封嫔和晋

图 3.2 故宫储秀宫丽景轩（慈禧初入宫时居于此）

封贵妃的典礼都没有来得及举行。

钮钴禄氏之外，就要算兰贵人那拉氏。咸丰四年二月二十六日（1854年3月24日），敬事房太监王瑞传旨："兰贵人封为懿嫔。"因为她是咸丰内廷主位中第一个由贵人晋封为嫔的，咸丰特意给军机处写了一道朱笔上谕：

贵人那拉氏着晋封为懿嫔。

写清字上谕。将封号字拟数字清文，候朕圈定。发抄时，将封号汉文一并交阁。嗣后永照此例行。

为了举行册封典礼，需要制造金册彩仗等物。三月二十二日，礼部援案请旨。按照清代的制度，金册应用黄金制造。但是，当时清王朝因为镇压太平天国，连年用兵，财政很不景气，咸丰只好谕令将那拉氏晋封懿嫔的金册改为银质镀金，并且规定："嗣后册封皇贵妃、贵妃及妃应制金册、金宝，册封嫔应制金册，均着改用银质镀金。"一切就绪之后，于十一月二十五日（1855年1月23日），命协办大学士贾桢为正使，礼部左侍郎肃顺为副使，持节赍册，晋封贵人那拉氏为懿嫔。

兰贵人那拉氏刚入宫的时候，和丽贵人他他拉氏在后宫的地位是相等的。兰贵人晋封懿嫔，说明她得到了咸丰的宠幸。同年十二月二十四日（1855年2月10日），咸丰晋封丽贵人为丽嫔，她们两人又平起平坐了。咸丰五年五月初七（1855年6月20日）寅时，丽嫔生了一个女儿，五月初九，丽嫔晋封为丽妃，于是，懿嫔在后宫的地位就在丽妃之下了。

这时，咸丰已经二十四岁，生了第一个孩子，固然使他感到喜悦，然而，他殷切盼望的是要有一个儿子，因为这个问题关系着皇位的继承，怎能不使咸丰万分焦急呢？就在这时，懿嫔怀孕了。咸丰对此非常关心，"每日食用，照额加半"。按照《钦定宫中现行则例》规定：内廷等位遇娠，有生母者，许进宫内照看。咸丰五年十二月二十四日（1856年1月31日），内殿总管韩来玉传旨："本月二十六日，懿嫔之母进苍震门至储秀宫住宿，钦此。"苍震门，在东六宫的前部，东向，是后宫一般人员出入的侧门。十二月二十六日巳正三刻，懿嫔的母亲富察氏和随同前来的家下妇人二名，就入苍震门住进了储秀宫。接着，以内殿总管韩来玉为首的一班人，为准备懿嫔分娩而忙碌起来。

咸丰六年正月二十四日（1856年2月28日），太医院院使栾泰，御医李万清、匡懋忠为懿嫔诊脉，认为"脉息和平"，"系妊娠七个月之喜"。这天午时，按照钦天监博士张熙预先选定的时间、地点，在储秀宫后殿明间东边门北边刨挖将来掩埋胎盘、脐带的喜坑。正月二十八日（3月4日），会计司官员送来精奇呢妈妈里十名，兆祥所首领王成送来灯火、水上妈妈里二十名，由敬事房太监领进苍震门，随总管韩来玉领至储秀宫，经懿嫔挑选，各挑中二名，都是镶黄、正黄旗披甲人或苏拉之妻。年岁最小的二十四岁，最大的四十岁。命于二月初三进内当差。另外，还有姥姥二名，大夫六名，一并从二月初三卯正开始上夜守喜（大夫系轮流值班）。

咸丰六年三月初六（1856年4月10日），咸丰就住到北京西北郊的圆明园去了。懿嫔的情况,由总管韩来玉随时奏报。三月二十三日(4月27日)巳时,懿嫔"坐卧不安",姥姥认为"似有转胎之象",韩来玉立即快马加鞭,奔赴圆明园向咸丰奏报。未时,懿嫔生下一位阿哥(皇子),收拾完毕,韩来玉带领大方脉、小方脉(看成人内科和小儿内科的医生)为懿嫔母子请脉,二人"脉息均安",御医见阿哥神色脉纹俱好,即用福寿丹开口。之后,韩来玉就赶往圆明园向咸丰皇帝报喜。这一消息,对咸丰来讲,真是喜从天降。当他得知这一消息之后,异常兴奋,提起朱笔,写下了一首题为《丙辰三月二十三日,皇长子生,敬思天恩祖佑,欣感实深,用成长律,以志予意》的七言律诗,诗云:

敬感天麻祖考仁,佳音储秀报麟振。
恩深德厚衷常慕,奕启载祥名定淳。
庶慰在天六年望,更欣率土万斯人。
升香安佑昭慈佑,沉痛难胜永忆亲。

在这首诗里,他把来自储秀宫的喜讯看作是上天的恩德和祖宗的保佑,死去六年的道光皇帝的在天之灵将因此而感到欣慰,更令人高兴的是这位阿哥将受到全国人民的拥戴。为了报答祖宗,他决意到安佑宫升香致敬,但是,一想到死去的父母又不禁沉痛难胜了。按照清朝的制度,凡皇子诞生,未赐名者皆称皇子,不按位次称呼,蒙赐名,始称几皇子。其赐名之例,由宗人府奏请,奉旨后,内务府知会宫殿监,宫殿监奏交内阁拟嘉名，具折呈览，恭候钦定。但是，极度的喜悦，使咸丰把这一套程序都置之不理了，他不经奏请，就称自己刚出生的儿子为皇长子，并且定名为淳了。但是，有关部门，还得照章办事。五月十五日，内阁奉上谕："大阿哥着命名载淳。"

懿嫔生了一个儿子，对于清皇室来讲，无疑是建立了殊勋。载淳出生的当天，小太监平顺交出朱笔一件："懿嫔着封为懿妃。"同时传旨：储秀宫太监张文亮放为大阿哥下八品谙达，大阿哥下家务事，着韩来玉管理。三月二十四日，咸丰到安佑宫升香行礼，感谢祖宗的眷佑。二十五日，他离开圆明园，诣大高玄殿拈香，然后回到紫禁城。

咸丰回到紫禁城是有原因的。因为三月二十五日是大阿哥出生的第三天，在当时，孩子出生的第三天，照例要给孩子沐浴，称为"洗三"。在大阿哥出生的当天，韩来玉向咸丰奏报之后，也即向皇后奏报，并通知皇室其他成员。接着就将写有阿哥出生年、月、日、时的命帖交钦天监，由钦天监博士贾席珍、陈希吕选定三月二十五日午时面向正南洗浴，认为这是"迎喜神方位，大吉"。三月二十四日，宫殿监督领侍史进忠等就准备洗三用的绸缎，内殿司房送来洗三用的"大金盆"。三月二十五日午初二刻，开始为大阿哥洗浴，至正午三刻，洗浴完毕。皇室成员纷纷送礼，称为"添盆"。据记载，大阿哥洗三之日，咸丰赏给红雕漆盒一件，内盛金洋钱四个，金宝一分，银宝一分。皇后赏金银八宝八个，金银如意四个，金银钱四个，棉被二件，棉褥二个，白布糠口袋二个，棉袄四件，夹袄四件，袜子四双，吗哪哈四个，兜肚四个，抱抱帘四个，红绸带四条，月白纺丝带四条，枕头二个，头挡一个。与懿妃同时和以后被选入宫的丽妃、婉嫔、玶贵人、容贵人、璷贵人、鑫常在以及丽妃的女儿大公主都添了盆，礼物比皇后的少。大阿哥洗三，在宫内形成了一个喜庆的高潮。

四月初五，是懿妃分娩后的第十二天，称为"小满月"。这天，咸丰赏给懿妃银三百两，表里（衣料）七十匹。懿妃对总管以下五十多人分别赏给银两和表里。从这天起，姥姥、大夫夜里不再值班。

四月二十三日，懿妃分娩一个月，称为"满月"。按照事先选定的午时二刻，由内殿太监杨寿给大阿哥剃了头，为此，赏给杨寿小卷袍料一件，银四两。这天，皇帝之外，皇室的其他成员均赠送礼物。这些礼物，与以前稍有不同。其中以皇后的礼物最为优厚，计有：金镯四个，金带头一个，金扳指一个，银镀金镯四个，银镀金铃铛、升、斗、钟、印一份，小帽二顶，单纱小衣服八件，兜肚两个，裤子两条，鞋袜四双。大阿哥满月，成为宫内庆祝活动的又一个高潮。

七月初三，是大阿哥出生的一百天，称为"百禄之喜"，帝、后、妃、嫔等人又一次赏给礼物。

从载淳出生前的各种安排，以及出生后一次又一次的庆贺、赏赐，充分表现了咸丰对儿子的钟爱，同时也预示着懿妃在后宫的地位将继续上升。咸丰七年正月初二（1857年1月27日），正当人们欢度新春佳节的时候，咸丰发布上谕："懿妃着加封懿贵妃。"从此，她在宫中的地位，就仅次于皇后钮钴禄氏。咸丰八年二月初五（1858年3月19日）丑时，玫贵人徐佳氏生了一个儿子，但是，当日卯时，这个新生儿还没有命名就夭折了。此后，咸丰的皇后、妃、嫔、贵人、常在等内廷主位中，再也没有人生儿育女，载淳成为咸丰唯一的皇位继承人。由于这个缘故，懿贵妃更加得到咸丰的宠幸，有机会"时时批览各省章奏"，开始干预朝廷政事。

四、北京政变

　　道光二十年（1840），即慈禧出生后的第五年，英国发动了侵略中国的鸦片战争。道光二十二年（1842），英国强迫清政府订立了中国近代史上第一个不平等条约——《南京条约》。条约的主要内容有：1. 中国开放广州、福州、厦门、宁波、上海五处为通商口岸，英国派遣领事官住该五地，专理商务。2. 中国将香港岛割让给英国。3. 赔款洋银二千一百万元。4. 进出口货税，须同英方"秉公议定则例"。5. 英国侨民犯罪，交英国领事按照英国法律处理。6. 中国"有新恩施及他国，亦应准英人一体均沾"。从此，中国开始沦为半殖民地半封建社会。

　　帝国主义的欲望是没有止境的，为了从中国获得更多的权利，咸丰六年九月二十五日（1856年10月23日），英国政府以"亚罗号事件"为借口，发动了侵略中国的第二次鸦片战争。在帝国主义的军事进攻面前，两广总督叶名琛竟下令："敌船入内，不可放炮还击。"以致侵略者长驱直入，直抵广州城下，发炮攻城。由于广州人民和一部分清军奋起反击，侵略军不得不暂时撤退。接着，法国政府以"马神甫事件"为借口，也派出一支军队对我国进行侵略。英、法两国对中国的侵略，得到了俄国和美国的支持。

咸丰七年（1857）六月和九月，英国全权大臣额尔金、法国全权大臣葛罗先后率侵略军至香港，合计兵力约六千人。十月，侵略军封锁了广州，并照会叶名琛，要求修订条约，进入广州城，赔偿军费，令限期答复。叶名琛却错误地估计形势，认为侵略者是"故作恐吓之势"，"决无事变"，对战争"毫无布置，惟日事扶鸾降乩，冀得神佑"。他家里修了一座长春仙馆，供奉传说中八仙之一的吕洞宾，和被称为"谪仙"的唐代大诗人李白，"一切军机进止，咸取决焉"。僚属见寇势日迫，请调兵设防，叶名琛不许。请招集团练，又不许。他相信乩仙的话："过十五日，必无事矣。"十一月末，英、法侵略军攻入广州，广东巡抚柏贵、广州将军穆克德讷向敌人投降。叶名琛被俘，被送至印度加尔各答，他还每日诵《吕祖经》，为人作书画，自称"海上苏武"。咸丰九年（1859）三月病死。当时流传着这样的话："不战、不和、不守，不死、不降、不走。相臣度量，疆臣抱负。古之所无，今亦罕有。"

英、法联军攻陷广州后，又沿海北上。咸丰八年四月初八（1858年5月20日），英、法军舰炮轰大沽炮台，掩护步兵登陆。守台清军，奋起反击。但是，负责指挥的文武大员，"一闻炮声，心胆先怯"，纷纷逃跑。士兵失去指挥，大沽失陷。四月十四日，英、法联军进攻天津，并扬言要攻占北京。咸丰皇帝急派大学士桂良、吏部尚书花沙纳赴天津议和，全部接受了侵略者提出的要求。于五月十六、十七日分别签订了中英、中法《天津条约》。在此之前，沙俄和美国也以"调停"有功，迫使清政府签订了中俄、中美《天津条约》。

在《天津条约》中，帝国主义从中国获得了许多新的利益，主要有：1.外国公使常驻北京。2.开放牛庄（后改营口）、登州（后改烟台）、台湾（后改台南）、淡水、潮州（后改汕头）、琼州、汉口、九江为通商口岸。3.英、法等国人可以到内地游历、通商和自由传教。4.外国船只可在长江各口往来。5.修改税则，除丝、茶、鸦片等外，进出口货物一律值百抽五，洋货运入内地，抽百分之二点五子口税后，即可免交厘金及常关税。6.对英赔款白银四百万两，对法赔款白银二百万两。《天津条约》使中国人民又戴上了一副沉重的枷锁，中国进一步沦为半殖民地半封建社会。

《天津条约》的签订，并没有使事情就此完结。清统治集团中的大多数人认为，外国公使常驻北京，会大大损害清王朝的尊严与威信。加上允许外国人到内江通商、赴内地游历等条，"最为中国之害"，力图设法补救和挽回，甚至以"全免课税"为代价也在所不惜。而侵略者则仍然觉得条约中有关商务的条款不能令人满意，决心重新挑起战争，以攫取更多的特权。所以《天津条约》不仅不能巩固和平，反而使战争再起。

咸丰九年（1859），英国公使普鲁斯、法国公使布尔布隆、美国公使华若翰来中国与清政府交换《天津条约》批准书，英国侵略者蓄意乘机对清政府施加压力，派一支强大的舰队随行。其中大战舰一艘，巡洋舰二艘，炮艇十三艘，载军士二千人，由海军上将何伯统率。同行的还有三艘美国军舰。咸丰九年五月，其舰队驶抵大沽口外。

先是清政府于《天津条约》签订后，委派僧格林沁驻守大沽，整顿防务，重修炮台，并于海口敷设木筏、铁戗等障碍物。当联军以武力为后盾前来换约时，清政府谕令僧格林沁"倘该夷虚放枪炮，入口试探"，"勿令官兵轻举妄动"。同时，告诉联军，大沽口已有障碍物，请三国公使改由北塘登陆，进京换约。英、法侵略者却有意寻衅，拒绝由北塘登陆，并于五月十四日夜间，闯入中国内河，毁坏中国防御设施。次日，又发炮攻击中国炮台，炮台守军忍无可忍，发炮还击。经过一昼夜的激战，英、法军舰多被击沉击伤，士兵丧亡四百余名，占登陆士兵的半数以上，副司令被击毙，司令何伯亦受重伤。在美国军舰的帮助下，狼狈逃去。

英军在大沽口战败的消息传到伦敦，英国报纸上连篇累牍地发表文章，鼓吹"大不列颠应攻打中国沿海各地，占领京城，将皇帝逐出皇宫"，"应该教训华人重视英人，英人高出于华人之上，英人应成为华人的主人翁"，以及"无论如何应该实行恐怖手段"，等等。

咸丰十年（1860）春，额尔金、葛罗再次率英、法联军二万人，军舰二百余艘进犯。三月，侵略军攻占舟山，四、五月，进据大连、烟台，六月中旬，到达大沽口外。清政府虽然于去年打了一个胜仗，但是，它一直把主要力量集中在镇压太平天国上，对外但求相安无事，根本无意做持久的抵抗。屡次谕令僧格林沁等"不可因海口设防严密，仍存先战后和之意"，"总须以抚局为要"，"不可贪功挑衅"。为了表示接待英、法公使由北塘登陆进京换约的诚意，竟撤去北塘防御工事。英、法侵略者乘虚而入，并于七月初四分别由北塘进攻新河和军粮

四、北京政变 49

城。僧格林沁率骑兵仓皇迎战,清军官兵在极困难的条件下,顽强坚持了十天。僧格林沁表示要与炮台共存亡,咸丰却要他撤退,说什么"天下根本,不在海口,实在京师","万不可寄生命于炮台,切要!切要!以国家倚赖之身与丑夷拼命,太不值矣!"根据咸丰的旨意,僧格林沁弃台逃走。英、法联军攻陷大沽炮台,占领天津。七月二十四日,僧格林沁联合蒙古六盟的王公给咸丰上了一封密折,请求咸丰"巡幸木兰"。木兰围场,本是清朝皇帝打猎的地方。在这个时候提出"巡幸木兰",实际上是要咸丰逃往热河避暑山庄。就在这一天,咸丰在桂良等报告夷务决裂情形的奏折上批道:"朕为近畿百姓免受荼毒,不得已勉就抚局,乃该夷屡肆要挟,势不决战不已。""朕今亲统六师,直抵通州,以伸天讨而张挞伐。"他将这道朱谕和僧格林沁的密折一同发下,要内廷王、御前大臣、军机大臣、内务府大臣以及本日奏事之外廷大臣会议,迅速定议。会议的结果却是:既不赞成亲征,也不赞成出巡。要求皇上"降温谕以鼓士气,悬厚赏以励首功,简阅军实,厚集兵力。所有防剿事宜,请旨饬下该管王大臣等迅速筹办"。这一奏折,由贾桢等二十六人联衔,咸丰看到这一奏折,很不高兴。朱谕问:"贾桢等联衔,系何人拟稿?何人定稿?"军机处奏称:"系宝鋆拟稿,贾桢、周祖培等公同商定。"接着,咸丰又发下朱谕一道:"巡幸之举,朕志已决,此时尚可从缓。惠亲王天潢近派,行辈又尊,自必以国事为重,着与惇亲王、恭亲王、端华等速行定议具奏。"这天,王大臣等会议,毫无主见。因为咸丰仍在圆明园,有人"吁恳圣驾还宫,以坚众志"。有人问团防大臣："有何准备？"对曰："无。"又问："京城兵力，足以登陴守御否？"众皆莫对。于是，端华等昌言于廷曰："既已毫无可守，如何请车驾还宫？"陈孚恩亦说："宜为皇上筹一条路才是。"不得已，咸丰又派遣怡亲王载垣、军机大臣穆荫前往天津议和。

由于反对巡幸的人很多，七月二十七日，咸丰又发下一道朱谕："朕察时审势，夷氛虽近，尤应鼓励人心，以拯时艰。即将巡幸之预备，作为亲征之举，镇定人心，以期巩固。着惠亲王等传谕京城巡守接应各营队，若马头、通州一带见仗，朕仍带劲旅在京北坐镇。共思奋兴鼓舞，不满万之夷兵，何虑不能歼除耶！此旨着王大臣等同看。"从表面看，这道朱谕表现了咸丰抵抗的决心。但是，"在京北坐镇"一语，却使外间疑虑更多，认为咸丰的心意仍想巡幸，"众情益涣，岌岌可危"。二十八日，军机大臣匡源、杜翰、文祥奏请"明降谕旨，宣示中外，使知木兰之役，决计不行"。为了"息浮议而定人心"，咸丰只好接受他们的请求，停止巡幸木兰。于七月二十八日发布上谕，否认他有巡幸木兰的打算，令将军营备用车马，即行分别发还，毋得尽行扣留守候。同时拿出白银二十万两，犒赏八旗防兵。人心稍稍安定。

英、法联军占领天津后，继续北上，载垣、穆荫折回通州与侵略者进行谈判。除公使见皇帝必须跪拜外，其他条件都同意接受。但是，侵略者的谈判代表巴夏礼却坚持"要面见大皇帝，亲递国书，立而不跪"，态度非常傲慢，声言："若不和好，即刻进兵。"载垣通知僧格林沁，于张家湾出队，擒巴夏礼等二十余人，押送北京刑部监狱。

八月初七，清军与英、法侵略军大战于八里桥，清军失利。统帅僧格林沁、瑞麟败逃，胜保受伤坠马。咸丰听到这一消息"立传预备"。次日黎明，他挈带皇后、妃嫔、子女和一些贵族官僚匆匆从圆明园出发，逃往热河避暑山庄。留下他的同父异母弟恭亲王奕訢与英、法联军进行谈判。

当咸丰即将出发的时候，懿贵妃极力谏阻。她说："皇上在京，可以镇慑一切。圣驾若行，则宗庙无主，恐为夷人践毁。昔周室东迁，天子蒙尘，永为后世之羞。今若弃京城而去，辱莫甚焉。"但是，她这番话不仅没有使咸丰改变主意，反而使她和咸丰之间在感情上出现裂痕。到了避暑山庄之后，肃顺更乘机劝说咸丰效法汉武帝刘彻将太子的生母钩弋夫人赐死，杀掉懿贵妃。但是，咸丰"懦需不忍"，没有采纳。

为了迫使清政府尽快接受他们提出的条件，英、法侵略者在大肆劫掠圆明园宝藏之后，英国公使额尔金、英军统帅格兰特又以巴夏礼等三十七名英、法俘虏曾在圆明园遭受虐待为借口，命令米启尔中将的一个师和骑兵的大半部分，约三千五百人，于九月初五（10月18日）前往圆明园，将其中的建筑物一齐纵火焚烧。这场大火，持续了两天两夜。圆明园上空，浓烟滚滚，"使天光黑暗，无殊日蚀，附近一带地方，亦皆黑暗"。这场浩劫的目睹者斯文候说："红红的火焰，照在军队的面孔上，看起来仿佛是魔鬼一样。"就这样，这座凝结着中国人民智慧和血汗的一代名园——圆明园，以及附近的畅春园、清漪园、静明园、静宜园，都被英国侵略者烧成一片废墟了。

在焚毁圆明园的问题上，法国公使葛罗、法军统帅孟托邦曾表示反对。但是，他们的出发点是怕这样做会"颠覆清朝而援助太平军"，他们的态度虽有不同，在与中国人民为敌这一点上，却是完全一致的。

正当英国侵略军纵火焚园的时候，俄国公使义格拉底夫又扮演调停人的角色，力劝奕䜣"认明危险，速定和议"。在侵略者的压力下，奕䜣完全接受了侵略者提出的一切条件，于九月十一、十二日分别与英国公使额尔金、法国公使葛罗交换了《天津条约》的批准书，并订立中英、中法《北京条约》。

《北京条约》除重申前年所订的《天津条约》完全有效外，又增加了以下内容：1.开天津为商埠。2.准许外国侵略者在中国贩卖人口出洋做工。3.割让九龙司地方一区给英国。4.交还从前没收的天主教堂财产，并任外国"传教士在各省租买田地，建造自便"。5.赔偿英、法军费各白银八百万两，恤金英国白银五十万两，法国白银二十万两。

十月初二，奕䜣又与义格拉底夫签订了中俄《北京条约》，除确认《瑷珲条约》外，又增加了新的条款。沙俄通过《瑷珲条约》《北京条约》，和一系列的勘界条约，侵占了我国一百四十四万多平方公里的领土，并享有其他特权，成为这次海盗式的中英战争中取得实利的唯一强国。

为了扶植奕䜣集团，"使最高权利落到他们手里"，九月下旬，法国和英国相继撤军。九月二十八日，奕䜣等留京王大臣于内阁具折，奏请咸丰回銮。但是，咸丰因英、法于"亲递国书一节，究未说明，恐回京后又生枝节"。在载垣、端华、肃顺等人的蛊惑下，以气候不宜和身体有病为理由，将回銮日期一再推延。奕䜣"请赴行在，祗问起居"，亦遭拒绝。

咸丰十一年（1861）六月下旬，咸丰病势加重，从二十七日开始，以载垣、端华为一班，景寿、肃顺为一班，轮流会同军机大臣阅看折报。应批之件，由他们草拟批语，分别夹签进呈，经咸丰审定后，令匡源、杜翰代批。

七月十五日午后，咸丰忽然晕厥，到了晚上，才苏醒过来。十六日子初三刻，咸丰在他的寝宫烟波致爽殿召见御前大臣载垣、景寿、肃顺，内廷王端华，军机大臣穆荫、匡源、杜翰、焦祐瀛等人安排后事。传谕："皇长子载淳着立为皇太子。"又谕："皇长子载淳现立为皇太子，着派载垣、端华、景寿、肃顺、穆荫、匡源、杜翰、焦祐瀛尽心辅弼，赞襄一切政务。"载垣等请求咸丰亲自用朱笔书写。但是，这时的咸丰已不能执笔，"着写来述旨"。由于这个缘故，所以遗诏中有"承写"字样。

咸丰十一年七月十七日（1861年8月22日）寅时，咸丰皇帝病死于热河避暑山庄烟波致爽殿，六岁的皇太子载淳即皇帝位，年号"祺祥"。按照顺治十八年（1661）康熙即位时的先例，尊皇后钮钴禄氏为母后皇太后，生母懿贵妃为圣母皇太后。不久，又分别上徽号慈安和慈禧。因为，在紫禁城里，慈安太后居东六宫的钟粹宫，称东太后，慈禧太后居西六宫的储秀宫，称西太后。

图 4.1　避暑山庄烟波致爽殿

咸丰临死的时候，一方面派载垣、端华、景寿、肃顺、穆荫、匡源、杜翰、焦祐瀛等八人赞襄一切政务，另一方面又赐给钮钴禄氏和载淳各一颗图章，作为权力的象征。发布谕旨，均由赞襄政务王大臣等草拟缮递后，请皇太后、皇上钤用图章发下，上曰"御赏"二字，下曰"同道堂"三字以为符信。慈禧太后则以生母的身份代行皇帝的职权。当时人称这种体制是"垂帘辅政，盖兼有之"。

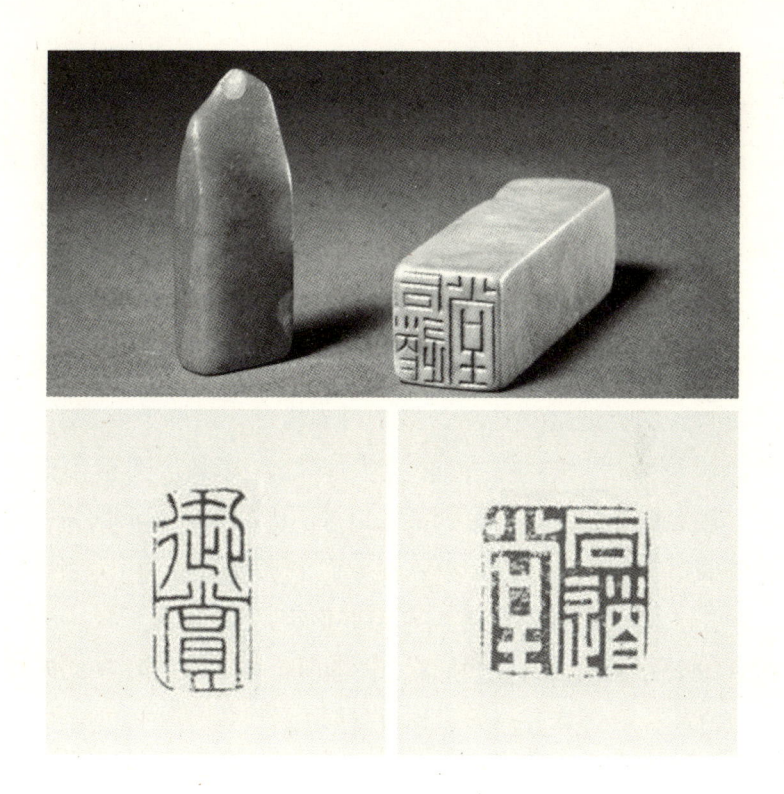

图 4.2 "御赏""同道堂"印

这时,在清统治集团内部,有两个政治中心、三种政治力量。两个政治中心:一个是北京,一个是热河。三种政治力量:一种是两位皇太后,一种是得到外国侵略者支持的奕䜣集团,一种是掌握中央权力的八位赞襄政务王大臣。在八位赞襄政务王大臣中,核心人物是载垣、端华、肃顺,肃顺又是这个核心的"谋主"。载垣等人为了独揽大权,不仅排斥远在北京的奕䜣,亦不愿两位皇太后干预朝政。对于这个问题,慈安倒不甚在意，慈禧却很不甘心。她首先说服慈安，然后派人和奕䜣取得联系。奕䜣不顾载垣等以小皇帝名义发布的"无庸前赴行在"的上谕，请求到热河叩谒梓宫。八月初一，奕䜣到达热河，正碰上为咸丰举行殷奠礼，奕䜣"伏地大恸，声彻殿陛，旁人无不泪下"。哭祭后，慈禧传旨召见，载垣等极力阻挠。杜翰在大庭广众中宣称："叔嫂当避嫌疑。且先帝宾天，皇太后居丧，尤不宜召见亲王。"但是，慈禧坚决要见，多次派太监传旨。奕䜣请端华作陪，端华目视肃顺，肃顺笑着说："老六，汝与两宫叔嫂耳，何必我辈陪哉！"于是，奕䜣单独进见，和慈禧、慈安秘密策划从载垣等手中夺权。奕䜣认为，热河是载垣等的势力范围，要除掉他们，非回北京不可。慈禧担心外国人出面干涉，奕䜣满有把握地说："外国无异议，如有难，惟奴才是问。"这次密谈，长达两个多小时。在一切安排就绪之后，奕䜣离开热河，连夜赶回北京。

奕䜣到达热河的第二天，钦差大臣、督办直隶山东军务、兵部侍郎胜保，不顾载垣等于七月十八日以小皇帝名义发布的各路统兵大臣不必奏请到热河叩谒梓宫的上谕，具折恳求北上叩谒梓宫。他在奏折中列举了他北上叩谒梓宫的种种理由，并说发出奏折的当天，他已经动身了。因为胜保手里掌握着北京、河北、山东的兵权，载垣等对他无可奈何，只好同意。过了几天，胜保个人并和直隶总督谭廷襄联名用黄折向皇太后、皇上请安。这种表示效忠皇太后的做法，载垣等自然不能容忍。八月初七，以小皇帝的名义发布上谕，指责胜保、谭廷襄"有违体制"，交部议处。但是，就在这一天，载垣等却联名致函正在山东镇压捻军的僧格林沁,要他具折请求叩谒梓宫。僧格林沁不愿站在载垣等一边,以"遵旨"为理由,不肯前往。并在奏折中用了"伏乞皇太后、皇上圣鉴"字样。这种做法,和胜保、谭廷襄一样"有违体制",载垣等为了争取僧格林沁的支持,却采用了另一种处理方法。他们八人联名致函僧格林沁,要他在以后的奏折中不要再出现皇太后字样。但是,僧格林沁在复函中却说,前由理藩院咨准吏部咨文中说:本王大臣拟旨缮递后,请皇太后、皇上钤用图章发下,上系"御赏"二字,下系"同道堂"三字,以为符信。这就是明示天下,皇太后是要阅览奏折的。既然如此,在奏折里为什么不能书写皇太后字样呢?我现在这样写,以后奏报,"仍不敢不如此缮写"。于是,载垣等争取僧格林沁的愿望就完全落空了。

八月初六,山东道监察御史董元醇从北京上了一封奏折,请求皇太后权理朝政,更于亲王中简派一二人,令同心辅弼一切事务。慈禧看了,非常高兴,召载垣等面谕照所请传旨。载垣等却以祖宗旧制,向无皇太后垂帘听政之礼为理由,坚持写明发上谕痛加驳斥,一个姓吴的军机章京写了第一稿,语气比较平和,载垣等不满意,让焦祐瀛另行起草,措辞严厉,有"是诚何心""尤不可行"等语,载垣等大加称赞。但是,送到慈禧那里,她却将它和董元醇的原折一起留下。慈禧召见载垣等人,载垣等怒形于色,说他们是"赞襄皇上,不能听太后之命","请太后看折,亦系多余之事"。慈禧气得两手颤抖,小皇帝吓得直哭,把慈禧的衣服也尿湿了。慈安太后从中调停,劝双方"留着明日再说"。第二天清晨,慈禧没有传旨召见,载垣等以"搁车"相威胁,发下的折件,他们拒绝开视,说"不定是谁来看"。慈禧感到,现在条件还不成熟,不宜和载垣等闹翻。到了中午,慈禧才将董元醇的奏折和焦祐瀛所拟谕旨发下照抄,载垣等要求钤用图章,慈禧也照办了。载垣等始"照常办事,言笑如初"。载垣等以为慈禧已经向他们屈服,不再把她放在心上,而慈禧则利用他们的疏于戒备,积极进行政变的准备。九月初四,载垣、端华、肃顺在慈禧召见时自称差务较繁,请将管理处所酌量改派。慈禧借此机会,免去载垣的銮仪卫上虞备用处事务,端华的步军统领,肃顺的管理理藩院并向导处事务,将他们手中仅有的一点兵权全部解除。九月十八日,慈禧就在热河行宫让她的妹夫——咸丰的同父异母弟醇郡王奕谭草拟谕旨,准备在回到北京后发布。

根据奕䜣在热河时一同商定的日程,九月二十三日,咸丰的梓宫从避暑山庄启运回京。因为载淳年幼,没有按照嘉庆二十五年(1820)嘉庆皇帝的梓宫从避暑山庄启运回京的旧例办理。慈禧、慈安和载淳在避暑山庄丽正门外恭送梓宫上车后,先赴喀拉河屯行宫跪迎灵驾,奉安芦殿,仍行晡奠礼。二十四日,行朝奠礼后,慈禧等就从小路先行,同行的有载垣、端华、景寿、穆荫,肃顺则和奕谭等随梓宫后发。赞襄政务王大臣中的三位核心人物——载垣、端华、肃顺被巧妙地分隔开了。

九月二十八日,慈禧到达石槽,召见奕䜣。钦差大臣、督办直隶山东军务、兵部右侍郎胜保上了一封奏折,请求皇太后亲理大政,并另简近支亲王辅政。二十九日,慈禧一行进德胜门回宫。三十日，大学士贾桢、周祖培，户部尚书沈兆霖，刑部尚书赵光等四人联名上书，请皇太后亲操政权以振纪纲而防流弊。政变的时机已经成熟，于是，慈禧以小皇帝的名义发布早在热河就已拟好的上谕，以"朋比为奸，欺蒙专擅，改写谕旨"等罪名，将载垣、端华、肃顺解任，令景寿、穆荫、匡源、杜翰、焦祐瀛退出军机处，派恭亲王奕䜣会同大学士、六部、九卿、翰、詹、科、道，将伊等应得之咎，分别轻重，按律秉公具奏。至皇太后应如何垂帘之仪，着一并会议具奏。接着，慈禧召见奕䜣、桂良、周祖培、文祥。载垣、端华对于发生的事变一无所知，他们见奕䜣等入宫，大声责问："外廷臣子，何得擅入？"奕䜣回答说："有诏。"载垣、端华说："太后不应召见。"不让奕䜣等入宫。奕䜣等退出，站在宫门外。一会儿，太监送来一道上谕，让奕䜣宣读。当奕䜣读到"载垣等肆言不应召见外臣，擅行阻拦，其肆无忌惮，何所底止！前旨仅于解任，实不足蔽辜。着恭亲王奕䜣、桂良、周祖培、文祥即行传旨，将载垣、端华、肃顺革去爵职拿问，交宗人府会同大学士、九卿、翰、詹、科、道严行议罪"的时候，载垣、端华厉声说："我辈未入，诏从何来？"奕䜣令侍卫将二人拿下，载垣、端华大声喝道："谁敢！"这时，已有几名侍卫上前，摘掉二人的冠带，拥出隆宗门，送往宗人府囚禁。肃顺护送咸丰皇帝的梓宫刚到密云，慈禧派御前侍卫明庆、乾清门侍卫何永安星夜驰往，令睿亲王仁寿、醇郡王奕谡将肃顺即行拿问，酌派妥员押解回京，交宗人府听候议罪。肃顺见到载垣、端华，瞋目而视，怒叱道："若早从吾言，何至有今日？"载垣、端华说:"事已至此,复何言?"载垣亦责怪端华说:"吾之罪名,皆听汝言成之。"原来,载垣等人也有一番部署,只是,慈禧回宫之后,立即发动政变,使他们措手不及,于是,一个个束手就擒了。

十月初一,慈禧以小皇帝的名义授恭亲王奕訢为议政王,在军机处行走。同时进入军机处的,还有大学士桂良、户部尚书沈兆霖、户部右侍郎宝鋆、鸿胪寺少卿曹毓英以及原军机大臣户部左侍郎文祥。新的军机处的建立,成为太后垂帘、亲王辅政体制的开端。

十月初五,大学士周祖培奏称"'祺祥'二字,意义微嫌相复,二字连读,声音亦未协和",请饬下军机处,另行酌拟,敬候钦定。他的建议得到慈禧的采纳,于是改元同治,以明年为同治元年。

十月初六,王大臣等奏请照大逆律将载垣、端华、肃顺凌迟处死,将景寿、穆荫、匡源、杜翰、焦祐瀛革职,发往新疆效力赎罪。慈禧为了表现自己的宽大,于同日发布上谕,援议亲议贵之条,将肃顺改为斩立决;载垣、端华赐令自尽;景寿革职,仍保留公爵并额驸品级,免其发遣;匡源、杜翰、焦祐瀛革职,免其发遣;穆荫革职,发往军台效力赎罪。当即派肃亲王华丰、刑部尚书绵森前往宗人府空室传旨,令载垣、端华自尽;派睿亲王仁寿、刑部右侍郎载龄前往菜市口监视行刑。肃顺为人,刻薄寡恩,特别是戊午科场案和户部五宇钞票案,无辜受害者更多。人们听说要杀肃顺,交口称快。他的怨家都驾车载酒前往刑场观看。肃顺身体肥胖,面色白皙。因为大丧的缘故，穿着白袍布靴，反接两手，被放在一辆牛车上。经过骡马市大街，儿童们欢呼："肃顺亦有今日乎？"有人向他投掷瓦砾泥土，一会儿，就被打得面目模糊，不可分辨。将行刑时，肃顺破口大骂，又不肯跪，刽子手用大铁柄打断了他的胫骨，他才跪了下来，被斩决了。

垂帘听政，是慈禧梦寐以求的。但是，这种做法毕竟违背了祖宗旧制。为了给太后垂帘寻找历史根据，十月十五日，慈禧令南书房、上书房、翰林院官员将历代帝王政治及前史垂帘事迹，择其可为法戒者，据史直书，简明注释，汇为一册。成书后，交议政王、军机大臣复看，缮写进呈，由慈禧赐名《治平宝鉴》。参加编纂的张之万等九人，各赏给大卷缎一匹，大卷江绸一匹。十月二十六日，王大臣等将共同妥议的两宫太后亲理大政事宜、召见臣工礼节及一切办事章程，敬缮清单，恭呈慈览，伏候钦定。在她的梦想即将成为现实的时候，却发布了一道言不由衷的上谕：

> 垂帘之举，本非意所乐为。惟以时事多艰，该王大臣等不能无所禀承，是以姑允所请，以期措施各当，共济艰难。一俟皇帝典学有成，即行归政。

咸丰十一年十一月初一（1861年12月2日），载淳奉两宫皇太后在养心殿垂帘听政，慈禧太后开始了她对中国人民长达四十七年的统治。

五、惩儆奕䜣

慈禧太后之所以能登上最高统治者的宝座，主要是由于奕䜣的支持，而奕䜣之所以支持慈禧，则是想借太后垂帘之名，行独揽大权之实。当慈禧的地位还没有巩固的时候，她不得不利用奕䜣，千方百计对奕䜣进行笼络；到她的地位得到巩固之后，她就不能容忍奕䜣分享她的权力了。特别是在同治三年六月，清军攻下了太平天国的首都天京（南京）之后，慈禧和奕䜣之间的冲突就尖锐化、表面化了。

早在咸丰十一年十月初七（1861年11月9日），即处决载垣、端华、肃顺等的第二天，慈禧就在一道上谕中说载垣等之所以"势成滔天"，是由于在廷臣工"畏其凶焰，缄默不言"，甚至"依附逢迎，意图富贵"，"嗣后，倘有如载垣等专擅不臣者，尔王大臣等以及科道即行据实参奏，朕必立予治罪，并奖励敢言，以彰直谏，倘仍前缄默，别经发觉，则尔王大臣等辜负朕恩，朕亦不能宽宥也"。在这个时候，有谁能如载垣等"专擅不臣"呢？自然只有奕䜣。所以，这道上谕的矛头，实际上是指向奕䜣的。

十月十五日，御史徐启文奏称："枢机重地，责无旁贷。请责成议政王、军机大臣实力劻勷，毋避小嫌。中外臣工，均应拾遗补阙，随时陈奏。"为此，慈禧又发了一道上谕，再次强调："载垣等干豫政柄，皆由匡赞诸臣遇事唯诺，实阶之厉。"她一方面说奕䜣、桂良等"自无不力矫唯阿之习"，另一方面又说他们"责任过重"，"恐以敬畏太甚，或近趋承"。她要求奕䜣、桂良等"务各协力同心，力图康济，毋避任事之小嫌，共矢公忠之大节"。中外臣工，对于时事阙失，均宜直言无隐。"即议政王、军机大臣等赞理庶务，如未能应协机宜，亦准其据实指陈，毋稍瞻顾，以期力挽颓风，共臻上理。"这就是说，既要奕䜣、桂良等放手工作，又要防止他们像载垣等那样"干豫政柄"。如果说，前一道上谕还只是旁敲侧击，后一道上谕就是直言不讳了。一位美国人在谈到垂帘之初的政局时说："两个当权者，慈禧和恭亲王在谨慎地相互监视着。"

奕䜣资质聪颖，临事敏决，能力颇强。但是，他比较自负，不拘小节。曾国藩的幕僚赵烈文说他"聪明信有之，亦小智耳"，"至己为何人，所居何地，应如何立志，似乎全未理会"。道光皇帝遗命封为"恭"亲王，其中实有深意。但是，江山易改，禀性难移。尽管在咸丰五年（1855），奕䜣因"礼仪疏略"，被革去一切差使。但是，他并没有从此吸取教训。北京政变之后，他任议政王、军机大臣、宗人府宗令、总管内务大臣，并管理总理各国事务衙门，集政治、军事、外交、皇室等大权于一身，真是位极人臣，权倾朝右，不免有些飘飘然起来。据说，奕䜣每天朝见慈禧、慈安，商议朝政，往往时间很长。宫里的太监送茶时，两位皇太后一定说："给六爷茶。"有一天，奕䜣站在御案前陈奏事件，因为时间长了，感到口干舌燥，拿起案上的茶杯就要饮用，忽然想起这茶是送给太后的，急忙把茶杯放回原处。原来，这天太监送茶时，两位太后忘了让人给奕䜣送茶了。慈安太后为人，"和易、少思虑"，"见大臣，呐呐如无语者"。朝政大权，实际掌握在慈禧太后一人手中。两宫皇太后召见奕䜣等人，往往由慈禧太后问答。有时，慈禧讲完，奕䜣佯作未闻，请太后重述一遍。太后有问，则高声回答。骄傲之态，每使太后不能容忍。有一次，奕䜣甚至对慈禧、慈安说："两太后之地位，皆由我而得之。"这些传说，虽然不一定是事实，但是，奕䜣被胜利冲昏了头脑，居功自傲，日益引起慈禧的不满，则是可能的。

慈禧和奕䜣之间的心结，最初是不为人知的。人们看到的是"深宫忧劳于上，将帅效命于下，而一二臣主持于中，有请必行，不关吏议"。但是，时间长了，就会显露出种种迹象。同治三年（1864）秋，通政使王拯曾以古人谨慎之意委婉劝诫奕䜣。同治四年二月，御史丁浩又讽以勿贪墨，勿骄盈，勿揽权，勿徇私。这些意见，都没有引起奕䜣的注意。三月初四，日讲起居注官、翰林院编修蔡寿祺就把贪墨、骄盈、揽权、徇私作为奕䜣的罪状加以参劾了。

蔡寿祺，江西德化人，道光二十年（1840）庚子科二甲进士，任翰林院编修，并曾于胜保营中稽核军务。咸丰七年（1857），丁父忧，时九江为太平军占领，未能返里。次年，取道山西、陕西进入四川，辗转归乡。同治元年（1862），自故里返京，复翰林院编修职。同治四年二月初七（1865年3月4日），署日讲起居注官。按照清朝的制度，编修没有上书朝廷的资格，而日讲起居注官则可。蔡寿祺原在胜保军中，与八旗将领颇多友好，他们对曾国藩等汉族官员掌握军权早就耿耿于怀。蔡寿祺是一个政治上的投机分子，为了博得直言敢谏之名，讨好满洲贵族，于二月二十四日即上书痛陈时政，指责曾国藩等湘军将帅冒功标榜，不留余地。慈禧看了这封奏折，留中不发。蔡寿祺以为有机可乘，于三月初四又上了第二封奏折，进而攻击主持朝政的恭亲王。他说，御史丁浩奏请恐惧修省一折中的勿贪墨，勿骄盈，勿揽权，勿徇私数语，经他"细加绅绎"，"似为议政王而言"。接着便以"外间物议，多有疑及议政王者"进一步加以发挥："近来竟有贪庸误事，因挟重赀而内膺重任者，有聚敛殃民，因善夤缘而外任封疆者，至各省监司出缺，往往用军营骤进之人，而夙昔谙练军务通达吏治之员，反皆弃置不用，臣民疑虑，则以为议政王之贪墨。自金陵克复后，票拟谕旨，多有大功告成字样。现在，各省逆氛尚炽，军务何尝告竣，而以一省城之肃清，附近疆臣，咸膺懋赏，户兵诸部，胥被褒荣，居功不疑，群相粉饰，臣民猜疑，则以为议政王之骄盈。御史之设，原许风闻言事。近日台谏偶有参劾，票拟谕旨，多令其明白回奏，似足杜塞言路。矧如彭端毓、吕序程、金钧、华祝三、裘德俊等俱以京察一等放云贵甘肃府道。朝廷为地择人，臣下何敢论缺之安危，地之远近？然部曹每得善地，谏臣均放边疆，虽会逢其适，而事若有心。至截取一途，部曹每多用繁，御史则多改简，以故谏官人自危怵，近年部院各馆差使，保举每多过分，而利害而缄口，臣僚疑惧，则以为议政王之揽权。总理通商衙门保举更优，并有各衙门不得援以为例之语。臣僚疑惑,则以为议政王之徇私。"尽管他也说:"此皆外间物议,在议政王岂尽如斯?"但是,他却要求议政王"引为己过,归政朝廷,退居藩邸,请别择懿亲议政"。这就是说,不论外间的物议是否属实,奕訢都非下台不可了。

这天,奕訢进见,慈禧告诉他:"有人劾汝!"奕訢固问:"何人?"慈禧说:"蔡寿祺。"奕訢失声说:"蔡寿祺非好人!"准备将蔡寿祺逮捕问罪。慈禧大怒,立即召见大学士周祖培、瑞常,吏部尚书朱凤标,户部侍郎吴廷栋,刑部侍郎王发桂,内阁学士桑春荣、殷兆镛等,垂泪谕诸臣"王植党擅政,渐不能堪",欲重治其罪。因为事情发生得很突然,大家都没有心理准备,不敢回答。慈禧又说:"诸臣当念先帝,无畏王。王罪不可逭,宜速议!"周祖培叩头说:"此惟两宫乾断,非臣等所敢知。"慈禧反问道:"若然,何用汝曹为!他日皇帝长成,汝等独无咎乎?"周祖培说:"此事须有实据,容臣等退后详察以闻。"并请求和大学士倭仁共同处理这一事件。慈禧表示同意,让大家退下,这些大臣们都一个个被吓得汗流浃背了。

三月初六,倭仁、周祖培等在内阁会议,并召蔡寿祺至内阁追供,所劾各款,均不能指出实据。惟称"挟重赀而内膺重任""善夤缘而外任封疆"二语是指刘蓉、薛焕,但亦得自传闻。明日,复奏。慈禧交给倭仁、周祖培等一份事先拟好的朱谕,全文如下:

谕在廷王大臣等同看。朕奉两宫皇太后懿旨：本月初五日，据蔡寿祺奏，恭亲王办事徇情、贪墨、骄盈、揽权，多招物议，种种情形等弊，嗣（似）此重情，何以能办公事。查办虽无实据，是（事）出有因。究属暧昧知（之）事，难以悬揣。恭亲王从议政以来，妄自尊大，诸多狂教（傲），以（倚）仗爵高权重，目无君上。看（视）朕冲龄，诸多挟致（制），往往谙（暗）始（使）离间，不可细问。每日召见，趾高气扬，言语之间，许（诸）多取巧，满口胡谈乱道。嗣（似）此情形，以后何以能办国事？若不即（及）早宣示，朕归政之时，何以能用人行正（政）。嗣（似）此种种重大情形，姑免深咎，方知朕宽大之恩。恭亲王着毋庸在军机处议政，革去一切差使，不准干预公事，方是朕保全之至意，特谕。

慈禧对倭仁等说："诏旨中多有别字及辞句不通者，汝等为润色之。"周祖培请添入"议政之初，尚属勤慎"八字。慈禧又说："此诏即下内阁行之，不必由军机。"按照正常的做法，一切明发谕旨，都应由军机处交内阁发布。因为奕䜣是首席军机大臣，而军机大臣中又多是奕䜣的支持者，通过军机处，势必遇到阻力。这道别字连篇的朱谕，经周祖培等人修改后，由内阁颁发。在颁发的上谕中还加入了慈禧当天的指示：原由奕䜣主持的总理各国事务衙门，令文祥等"和衷共济，妥协办理"，以后召见、引见，派惇亲王、醇郡王、锺郡王、孚郡王四人轮流带领。

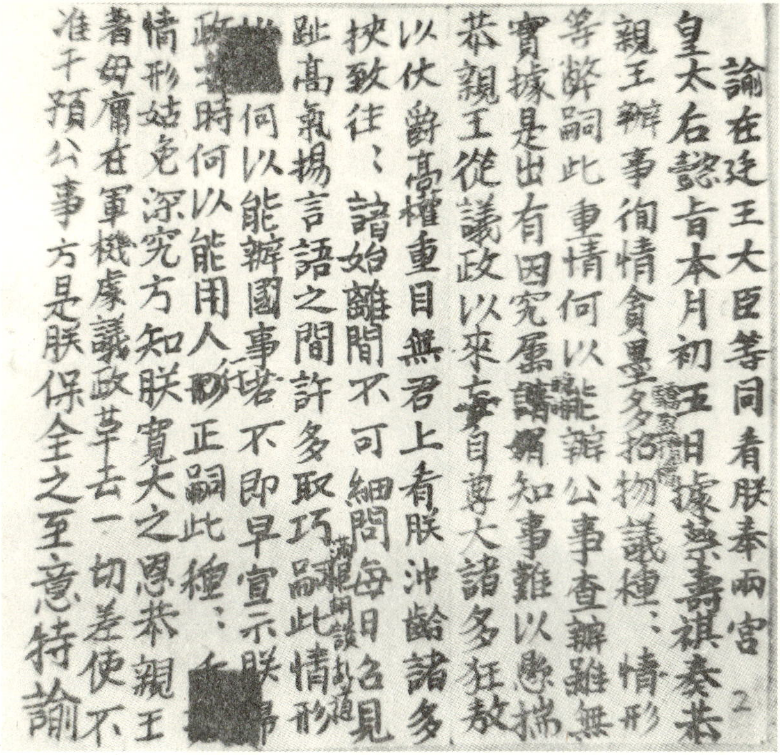

图 5.1 慈禧太后手谕

上谕发布后，立即引起强烈的反响。初八，惇亲王奕誴上书慈禧说："恭亲王自议政以来，办理事务，未闻有昭著劣迹，惟召对时语言词气之间诸多不检，究非臣民所共见共闻。而被参各款，查办又无实据。若遽行罢斥，窃恐传闻中外，议论纷然，于用人行政似有关系，殊非浅鲜。"请求皇太后、皇上"饬下王公大臣集议，请旨施行"。奕誴虽然出嗣惇亲王绵恺，但是，他是道光皇帝的第五子，咸丰皇帝的弟弟，他的意见自然不能等闲视之。当天，慈禧召见孚郡王奕譓（道光皇帝第九子）及军机大臣文祥等三人，令传谕王公大臣、翰、詹、科、道明日于内阁会议，将惇亲王及蔡寿祺的奏折发下，并让文祥传达她的意见。于是，北京城内盛传慈禧太后的怒气已消，她对奕䜣仍然信任。宫中甚至传说恭亲王将再行辅政。

初九，慈禧召见倭仁、周祖培、瑞常、朱凤标、万青藜、基溥、吴廷栋、王发桂等，她说："恭王狂肆已甚，必不可复用。即如载龄人才，岂任尚书者乎？而王必予之。惇王今为疏争，前年在热河言恭王欲反者非惇王耶？汝曹为我平治之。"召见后，倭仁等至内阁与王大臣等会议，转述了慈禧太后的意见，文祥也转述了慈禧太后前一日召见时的谈话："恭亲王于召见时一切过失，恐误正事，因蔡寿祺折，不能不降旨示惩。惇王折亦不能不交议。均无成见，总以国事为重，朝廷用舍，一秉大公，从谏如流，固所不吝。君等固谓国家非王不治，但与外廷共议之，合疏请复任王，我听许焉可也。"这两种意见，截然相反。文祥述毕，吴廷栋争之甚力，倭仁亦以为不可。这两次召见，押班领见的都是锺郡王奕詥（道光皇帝第八子），双方都引锺郡王为证，锺郡王说："固皆闻之。"诸臣相顾愕然，无所适从，不成议而散，定十四日再议。

同一个慈禧太后，为什么在同一个问题上发表如此自相矛盾的意见呢？当时的学者李慈铭曾做过一番分析。他说："窃揣两宫之意，衔隙相王，已非一日，退不复用，中旨决然。徒以枢臣比留，亲藩疏请，骤易执政，既恐危中外之心；屡黜宗臣，又虑解天潢之体；攻讦出自庶僚，参治未明罪状，劫于启请，惭于更改，欲借大臣以镇众议。且王夙主和约，颇得夷情，万一戎狄生心，乘端要劫，朝无可倚，事实难图。故屡集诸臣，审求廷辩，冀得公忠之佐，以绝二三之疑。"他对慈禧太后当时矛盾的心理状态的分析，是颇为中肯的。

十三日，醇郡王奕𫍯自东陵（在今河北省遵化市）赶回北京，急上一疏，为恭亲王求情。他说："恭亲王感荷深恩，事烦任重，其勉图报效之心，为我臣民所共见。至其往往有失于检点之处，乃小节之亏，似非敢有心骄傲。且被参各款，本无实据，若因此遽尔罢斥，不免骇人听闻，于行政用人，殊有关系。"请求皇太后、皇上宽其既往，令其改过自新，以观后效。奕𫍯不仅是道光皇帝的第七子，咸丰的弟弟，而且是慈禧的妹夫，平日最为亲信。他的意见，自然比奕谅的上书影响更大。

同日，降调通政使王拯、御史孙翼谋亦分别上书，认为恭亲王的进退关系国家大局，请求酌赏录用，以观后效。

十四日，王大臣等再次在内阁会议。慈禧太后将奕谅、奕𫍯、王拯、孙翼谋等人的奏折一并发交会议。倭仁以为，慈禧太后的真意是坚决不复用恭亲王。他根据这一精神，预先起草了一份疏稿，认为醇郡王等人的奏疏可以勿议。与会者议论纷纭：有人说，这是家庭之事，外人很难发表意见；有人说，恭亲王屡遭物议，事出有因，难膺重任；有人说，事无确据，应许自新，废弃可惜；有人说，谕旨已颁，不宜朝令暮改；有人说，从谏如流，更足以表明圣人不固执己见。后来，肃亲王华丰亦拿出一份自己拟的奏稿向大家征求意见。奏稿中说："恭亲王受恩深重，其勉图报效之心为盈廷所共见，诚如醇郡王所言。倘蒙恩施逾格，令其改过自新，以观后效，恭亲王自当益加敛抑，仰副裁成，臣等亦以醇郡王所言，深合用人行政之道。至于王拯、孙翼谋陈奏之件，虽各抒己见，其以恭亲王为尚可录用之人，似无异议。"至于恭亲王是否再为录用，总须出自皇太后、皇上"天恩独断，以昭黜陟之权，实非臣下所敢妄拟"。人们对肃亲王的意见纷纷表示赞同，倭仁不得不四次修改自己的奏稿。最后的奏稿说："臣等伏思，黜陟为朝廷大权。恭亲王当皇上即位之初，维持大局，懋著勤劳，迭奉恩纶，酬庸锡爵。今因不自检束，革去一切差使，恭亲王从此儆惧，深自敛抑，未必不复蒙恩眷。以后如何施恩之处，圣心自有权衡，臣等不敢置议。"这样，两份奏稿的精神就完全一致了。军机大臣列名于倭仁折，礼亲王世铎及王公宗室大臣署名于肃亲王疏者七十余人。都察院、宗人府别有折。内阁学士殷兆镛，都察院左副都御史潘祖荫，给事中谭钟麟、广成，御史洗斌，内阁侍读学士王维珍等均有折上呈。谭钟麟、广成在奏疏中说："若庙廊之上先启猜疑，根本之间未能和协，骇中外之观听，增宵旰之忧劳，于大局实有关系。"洗斌、王维珍更从夷务的角度强调恭亲王的重要性："现在各省军务尚未尽平，如军机处、总理各国事务衙门，事繁任巨，该王素为中外所仰重，又为夷人所信服，万一夷人以此为请，从之则长其骄肆之心，不从或别启猜疑之渐。此虽系意料必无之事，总无不在圣明洞鉴之中。"慈禧感到，奕䜣的问题如果得不到妥善的解决，对自己的统治不利。既然惩儆的目的已经达到，于是顺水推舟,于十六日发布上谕说:"日前将恭亲王过失严旨宣示,原冀其经此次惩儆之后,自必痛自敛抑,不至再蹈愆尤。此正小惩大诫,曲为保全之意。""兹览王公大学士等所奏,佥以恭亲王咎虽自取,尚可录用,与朝廷之意正相吻合。"恭亲王着即加恩仍在内廷行走,并仍管理总理各国衙门事务。四月十四日,慈禧又以奕䜣因谢恩召见,伏地痛哭,深自引咎,颇知愧悔为理由,让他仍在军机大臣上行走,议政王的名目则不再恢复,奕䜣的权力被大大削弱了。

三月十八日,醇郡王奕譞奏称:"恭读邸抄,本月初七上谕有内廷王大臣同看之语,大学士倭仁等自应恪遵圣谕,传集诸臣,或于内阁,或于乾清门恭读朱谕,明白宣示,然后颁行天下,何以仅交内阁发抄,显系故违谕旨。若谓倭仁等一时未能详审,岂有宰辅卿贰皆不谙国体之理;即使实系疏忽,亦非寻常疏忽可比。兹当皇太后垂帘听政,皇上冲龄之际,若大臣等皆如此任性妄为,臣窃恐将来亲政之时难于整理。"请求皇太后、皇上发交王公大臣、翰、詹、科、道共同会议。次日,军机处又分咨大学士倭仁、周祖培,吏部尚书朱凤标:"办理军机处为咨行事,三月初七,由贵处恭录谕旨:本月初五,据蔡寿祺奏,恭亲王办事徇情等因钦此。查蔡寿祺原折年月系三月初四呈递,已由本处存档。其初五是否另有一折,如存贵处,并无应查之件,即希将原折咨送本处,以便缮档,须至咨者。"这一疏、一咨,是奕譞和军机大臣对倭仁等的一次反击,而问题的产生,则在于慈禧发下的那一纸别字连篇的朱谕。初五是初四之误,而倭仁等之所以没有传集内廷王大臣同看,则由于"诏旨中多有错别字及辞句不通者",有损慈禧太后的尊严。仅交内阁发抄,更是按慈禧太后的意见办的。所以醇郡王一疏,留中不发,军机处的咨文,也不了了之。

这年九月,咸丰皇帝的梓宫奉安定陵,恭亲王襄办有关事宜,尽敬尽诚,有条有理。两宫皇太后欲加优奖,他却以"盈满为惧,再四固辞",仅交宗人府从优议叙。又因他"近来事无巨细,愈加寅畏小心,深自敛抑",慈禧太后特颁谕旨:"本年三月初七所降谕旨,原因其小节之疏,恐蹈愆尤之渐,期望既厚,责备不得不严。业于三月十六、四月十四等日将办理始末明白宣示,谅天下共见共闻。惟虑传之久远,后人不知原委,莫定是非,转为白圭之玷,殊无以释群疑而彰忠悃。所有三月初七谕旨,着勿庸编入起居注,以示眷念勋劳,保全令名至意。"所以,《清穆宗毅皇帝实录》同治四年三月初七仅书:"命恭亲王毋庸在军机处议政,并撤一切差使。"如果不是当时的档案被保存下来,我们是很难了解这场风波的原委的。

就在这一天,慈禧太后又发布一道上谕说:"前因恭亲王长女素为文宗显皇帝所钟爱,特沛殊恩,封为固伦公主以示优眷。兹据恭亲王面奏,宠异逾分,夙夜难安,请收回成命等语。情词恳切,具见惕忧,即此一端,亦足见其毫无骄矜之习。若不勉从所请,转无以惬其敬慎之怀。恭亲王之长女,着撤去固伦名号,所有一切仪制服饰,仍照公主例,封为荣寿公主,以示区别而昭宠眷。"慈禧太后和奕䜣斗争的第一回合,到此告一段落。

倭仁等在内阁追供时,蔡寿祺供称原奏内"挟重赀而内膺重任""善夤缘而外任封疆"二语,是指刘蓉、薛焕,慈禧太后谕令刘蓉、薛焕各将行贿、夤缘一节明白回奏,并派肃亲王华丰会同刑部、都察院研审。结果均悉得自传闻,并无实据。将蔡寿祺交吏部议处,降二级调用。

这场风波,对以后的政局,特别是对洋务运动产生了巨大的影响。

奕䜣是洋务运动的倡导者。咸丰十年,奕䜣以钦差大臣的身份代表清政府与英、法等国签订了《北京条约》之后,于咸丰十年十二月初一(1861年1月11日),与大学士桂良、户部左侍郎文祥总筹全局,酌拟善后章程,提出了六条措施:1.设立总理各国事务衙门;2.设立三口通商大臣;3.派遣公正廉明地方官管理新开各口关税;4.各省办理外国事件,该将军督抚互相知照;5.培养通晓外国语言人才;6.各省将军督抚按月向总理处咨报各海口内外商情并各国新闻纸。但是,奕䜣等认为,这六条措施都只是"治其标",而不是"探其源"。他们在奏疏中说:"臣等酌拟大局章程六条,其要在于审敌防边,以弭后患,然治其标而未探其源也。探源之策,在于自强;自强之术,必先练兵。"第一次提出了"自强"的奋斗目标。后来,咸丰采纳了奕䜣等的建议,在北京设立了总理各国事务衙门,并派奕䜣、桂良、文祥管理。北京政变后,总理各国事务衙门不仅管理外交,同时也管理与外国有关的新政。同治元年(1862),在北京创立同文馆,招收十三四岁的八旗子弟学习英、法、俄三国语言文字。同治二年(1863),李鸿章奏请仿同文馆之例在上海设立广方言馆。不久,广东广方言馆也相继成立。为了练兵,奕䜣倡议向船坚炮利的外国购买轮船、枪炮。曾国藩、李鸿章、左宗棠等地方督抚积极响应,并由向外国购买轮船、枪炮发展到自己设厂制造。于是,学习外国的科学技术,就提到了洋务派的议事日程上。同治三年(1864),李鸿章致书恭亲王说:"中国欲自强,则莫如学习外国利器;欲学外国利器,则莫如觅制器之器。师其法而不必尽用其人。欲觅制器之器与制器之人,则或专设一科取士,士终身悬以为功名富贵之鹄,则业可成,艺可精,而才亦可集。"奕䜣非常赞成。正要详议奏请,蔡寿祺参劾奕䜣的事件发生了,李鸿章的建议就被搁置下来。同治四年(1865),李鸿章在上海设立机器局,同治五年(1866),左宗棠在福建设立艺局及造船厂,选少年颖悟子弟,延聘洋人,教以语言、文字、算法、画法,以为将来制造轮船机器之本。因为制造轮船机器,必须讲求天文算学,奕䜣于同治五年十一月初五(1866年12月11日),奏请于同文馆内添设分馆,招收翰林院编修、检讨、庶吉士,进士出身之五品以下京内外官,举人,以及恩、拔、岁、优、副贡生,学习天文算学。这一建议,得到慈禧太后批准。消息传出,就遭到守旧顽固的士大夫的攻击。有人写了一副对联:"鬼计本多端,使小朝廷设同文之馆;军机无远略,诱佳子弟拜异类为师。"又有人写成对语:"未同而言,斯文将丧。""孔门弟子,鬼谷先生。"为了回答人们的责难,奕䜣又上书慈禧太后,委婉陈述这一做法的必要性。但是,当奕䜣的奏折发抄之后,御史张盛藻就上书表示反对。他认为自强之道,在于"养臣民之气节",天文、算学、轮船、枪炮,只不过是机巧之事，让天文生、算学生、精巧工匠或军营武弁学习就行了；如果令读孔孟之书、学尧舜之道的正途科甲人员习机巧之事，又借升途银两以诱之，就是"重名利而轻气节"，其结果将是"未收实效，先失人心"。为此，慈禧太后发布上谕，说："朝廷设立同文馆，取用正途学习，原以天文算学为儒者所当知，不得目为机巧。正途人员，用心较精，则学习自易，亦于读书学道无所偏废，不过借西法以印证中法，并非舍圣道而入歧途，何至有碍人心士习耶？"上谕的语气比较温和，顽固派的气势却更加嚣张。大学士倭仁亲自出马，上书慈禧太后说："立国之道，尚礼义不尚权谋；根本之图，在人心不在技艺。今求一艺之末，而又奉夷人为师，无论夷人诡谲，未必传其精巧，即使教者诚教，所成就者不过术数之士，古今未闻有恃术数而能起衰振弱者也！天下之大，不患无才。如以天文算学必须讲习，博采旁求，必有精其术者，何必夷人？何必师事夷人？"又说："议和以来，耶稣之教盛行，无识愚民，半为煽惑。所恃读书之士，讲明义理，或可维持人心。今复举聪明隽秀，国家所培养而以有用者变而从夷，正气为之不伸，邪气因而弥炽。数年以后，不尽驱中国之众咸归于夷不止。"倭仁是朝廷大臣，又是著名的理学家，他的奏疏一出，就被许多人奉为"正论"。于是，奕䜣再次上书慈禧太后，对倭仁的论调进行反驳，并说："该大学士以此举为窒碍，自必别有良图。如果实有妙策，可以制外国而不为外国所制，臣等自当追随该大学士之后，竭其棒昧，悉心商办，用示和衷共济，上慰宸廑；如别无良策，仅以忠信为甲胄，礼义为干橹等词，谓可折冲樽俎，足以制敌之命，臣等实未敢信。"

对于奕䜣和倭仁之间的论争，慈禧原想采取调和的办法。一方面令总理衙门按原计划进行考选，一方面令倭仁保举几名讲授天文算学的人才，另行择地设馆，由倭仁督饬办理，与同文馆相砥砺。但是，倭仁在奏折中说的"天下之大，不患无才，博采旁求，必有精其术者"，只不过是一句空话，现在要他保举，他不得不承认实无可保之人了。接着，慈禧又谕令倭仁在总理衙门行走，想让他接触一点洋务，倭仁认为是对他的侮辱，一再上书，恳求辞去这一差使，都没有得到批准。一天，倭仁进见慈禧太后，再次要求辞去总理衙门的职务。带领引见的奕䜣，将他的理由一一驳斥，弄得他无话可说，只好受命而出。倭仁回到书房，给同治皇帝授书，有所感触，不禁"潸焉出涕"。第二天，倭仁在占卜之后，决心辞官归里，以示不与奕䜣合作。两天后，倭仁散直回家，路上突然昏迷，险些从马上掉下来，经人护送回家，一直昏迷不语。慈禧太后让他在家养病，病愈后再到总署上任。

倭仁气病，使得京城内外的士大夫对他更加同情，天文算学馆的招生工作陷于停顿状态。通政使于凌辰甚至奏请停止招生。

这年，华北气候反常，从春到夏，久旱不雨，五月初十，又刮了几个小时的大风，黄沙蔽天，雷霆交作。这又给顽固派提供了反对同文馆的机会。候选直隶州知州杨廷熙请都察院代奏，要求撤销同文馆，并攻击总理衙门专擅挟制，拒谏饰非。恭亲王奕䜣、大学士宝鋆均自请暂开总理衙门差使。在这种情况下，慈禧太后不得不对顽固派稍加裁抑，严厉斥责杨廷熙撷拾陈言，希图自炫而语言荒谬，并说："若系倭仁授意，殊失大臣之体，其心固不可问；即未与闻，而党援门户之风从此而开，于世道人心大有关系。该大学士与国家休戚相关，不应坚持己见，着于假满后即到总理各国事务衙门之任。"于是，倭仁奏请开缺，经慈禧太后批准，开去一切差使，仍以大学士在弘德殿行走。

在这场论争中，由于慈禧太后的支持，洋务派取得了胜利，但是，经过顽固派的这一搅扰，同文馆竟招不到学生。奕䜣在谈到同文馆招生的情况时说："自倭仁倡议以来，京师各省士大夫聚党私议，约法阻拦，甚且以无稽谣言煽惑人心，臣衙门遂无复投考者。"当时中国著名的数学家李善兰、邹伯奇本来已接受同文馆的聘请，到北京任教，这场争论发生后，吓得装病躲在家里，不敢去北京了。

从此以后，顽固派的势力日益增长，洋务派的处境更加困难。同治十年十二月，内阁学士宋晋奏称："闽浙制造轮船，经费已拨用至四五百万，名为远谋，实同虚耗。且闻采买杂料，委员四出，虽官为给价，民间不无扰动。江苏、上海制造轮船亦同，请饬暂行停止。"对于这一主张，李鸿章坚决表示反对。他在奏疏中说，中国面临的是"三千余年一大变局"，"国家诸费皆可省，惟养兵设防练习枪炮制造兵轮之费万不可省，求省费则必屏除一切，国无与立，终不得强矣"。奕䜣等亦认为不可惑于浮言，浅尝辄止。因此，船厂得以不停。但是，情况并没有好转。光绪初年，李鸿章在给郭嵩焘的信中说："自同治十三年海防议起，鸿章即沥陈煤矿、铁矿必须开采，电线、铁路必须仿设，各海口必添设洋学格致书馆以造就人才。其时，文相（文祥）目笑存之，廷臣会议，皆不置可否，王孝凤、于莲舫独痛诋之。曾记是年冬底赴京叩谒梓宫，谒晤恭邸，极陈铁路利益，邸意亦以为然，谓无人敢主持。复请乘间为两宫言之，渠谓两宫亦不能定此大计。从此遂绝口不谈矣。"随着形势的发展，慈禧太后逐渐转向顽固派，到了义和团运动的时候，慈禧竟成为顽固派的代表人物，她的主张和当年李盛藻、倭仁如出一辙了。

六、再度垂帘

载淳，是咸丰皇帝唯一的儿子，是当然的皇位继承人，也是慈禧太后得以垂帘听政的最根本原因。不论是咸丰皇帝还是慈禧太后，都把自己的希望寄托在载淳身上。咸丰七年三月二十三日（1857年4月17日），载淳满周岁的时候，曾按照中国的传统习俗在他面前摆设弓、矢、书、笔等物，从他抓取的东西来预测他的将来，这种习俗，称为抓晬盘，又称试儿，有的地方则称为抓周。据档册记载："三月二十三日卯时，大阿哥向西北抓晬盘，先抓书，次抓弧矢，后抓笔。"从他抓取的东西看，他长大成人之后，应当是一个文武兼备的全才，具备这样条件的皇位继承人，自然是咸丰皇帝以及慈禧太后梦寐以求的。

为了把载淳培养成为一个理想的皇位继承人，咸丰皇帝，特别是慈禧太后采取了一系列的措施。早在咸丰十一年三月初八（1861年4月17日），咸丰皇帝就谕令刚满六岁的大阿哥于四月初七入学读书。令当时还在北京的翰林院编修李鸿藻于三月内前往热河，充当大阿哥的师傅，讲授汉文，"国语清文"（满语满文）则由礼部尚书阿什珲布、礼部左侍郎伊精阿负责讲授。咸丰皇帝死后，载淳即位，是为同治皇帝。同治元年二月初二（1862年3月2日），慈禧太后谕令钦天监选择吉期，于二月十二日，皇帝在弘德殿入学读书。汉文方面，除李鸿藻之外，加派礼部尚书、前大学士祁寯藻，管理工部事务、前大学士翁心存，工部尚书倭仁。满文方面，除阿什珲布、伊精阿之外，又加派兵部尚书爱仁。蒙古文和骑马射箭，由醇郡王奕谡等人教习。惠亲王绵愉在弘德殿经常照料，专司督责。所有皇帝读书课程及弘德殿一切事务，均由恭亲王奕䜣总司稽查。翁心存死后，又令他的儿子——咸丰丙辰科状元、詹事府右中允翁同龢在弘德殿行走。为一个学生配备这样多的教师，恐怕不仅在清代，在中外历史上也是少见的。

慈禧太后对同治皇帝的期望十分殷切，对他在学习上的要求也非常严格。当时，由奕䜣奏准两宫皇太后实施的书房作息时间和功课内容是：每天，皇帝在陪两位皇太后召见、引见之后到书房，先拉弓，次习蒙古语，读清书（满文书），后读汉书（汉文书）。八岁以前是半功课，从八岁开始，改为整功课。在学习过程中，诵读与讨论并重，皇帝在读书之暇，总宜与师傅随事讨论，以古证今，屏除虚仪，务求实际，切勿诵声甫辍，旋即退息。初入学时，仅习拉弓，二三年后，即学习步射，十岁以后，即学习打枪。于春、秋二季，每隔十天，即于召见后至西苑南紫光阁前学习打枪，打完后，稍坐，即还宫，仍入学读汉书。打枪这一天，撤去满洲、蒙古功课。在来往途中，不得各处游览。从入学开始，就要学习骑马，每隔五天，于下书房后，在宫内长街学习骑马，由当日教习清书的御前大臣一人压马，大臣三四人进内教习。每年的假期，只有两宫皇太后、同治皇帝自己的生日及前后各一日，年终自彩服日至次年正月初五，正月十三日至十六日，弘德殿搭拆天棚及端午日、中秋日等可以全天放假；每年初伏至处暑，封印至开印以及中正殿转察克苏木，紫光阁筵宴，十二月二十三日、正月十九日筵宴，可以放假半天。至于每年的天坛大供、太庙行礼、奉先殿行礼、寿皇殿行礼、大高殿拈香及各处拈香，只是撤去拉弓、习蒙古语、读清书；汉书仍照常进行，由授读师傅酌减。

学习的内容如此繁重，学习之外，还要每天到两宫皇太后前问安、侍膳，陪两宫皇太后召见、引见。一个未成年的儿童，同时扮演皇帝、儿子、学生三种角色，自然苦不堪言。丁国钧《荷香馆琐言》中有一条记载："毅皇帝尝与翁师傅言，自谓当差劳苦。盖每日须至太后前问安，侍膳，太后召见臣工，必同临朝，又须至弘德殿读书也。""毅"，是同治皇帝死后的谥号，毅皇帝，就是同治皇帝，翁师傅就是翁同龢。从同治皇帝当时的负担量看，他感到"当差劳苦"是理所当然的。

清代是程朱理学盛行的时代。祁寯藻、翁心存、倭仁、李鸿藻等都"各以耆硕重望，为时所推"。加以对同治的教育方针，慈禧太后早有明确的指示："帝王之学，不在章句训诂，惟冀首端蒙养，懋厥身修，务于一言一动，以及天下民物之颐，古今治乱之原，均各讲明切究，悉归笃实，庶几辅成令德，措正施行，宏济艰难，克光大业。"同治皇帝在弘德殿入学读书的第一天的汉书课程，就是读《大学》的头两节。一个六岁的孩子，怎么可能接受格物、致知、诚意、正心、修身、齐家、治国、平天下的大道理呢？在《翁同龢日记》中，常常可以看见"倦怠""嬉笑""颇有戏言戏动""上读不勤，有惰容，兼有不平语""背书多舛""讲书亦惰""连日温书颇涩，精神甚倦，读生书尤倦"等记载。他的学习情况，并没有因年龄的增长而好转。同治十年正月二十五日（1871年3月15日），翁同龢在日记中说："看折时精神极散，虽竭力鼓舞，终倦于思索，奈何！"二月二十日说："晨读极涩，总振作不起，不过对付时刻而已。多嬉笑，直是无可如何！"七月二十四日又说："晨读精神不聚。读熟书极不顺，兰孙（李鸿藻）颇有声色。"这时，同治已经十六岁，尽管已经十年寒窗，结果却是"书既不熟，论文多别字，说话不清"。望子成龙的慈禧太后，不能不发出"亲政不远，奈何所学止此"的慨叹了。

对于同治皇帝，慈禧太后真是恨铁不成钢。但是，慈禧对他的严格要求，却使他产生一种逆反心理，于是，他们母子之间的关系就不怎么和谐了。

同治八年（1869），慈禧太后密令心腹太监安德海前往苏州采办龙袍。七月初六，安德海携带随从三十余人，自北京出发，由通州雇太平船二只，小船数只，沿运河南下。太平船上均插起"奉旨钦差采办龙袍"字样的大旗，两旗上又有一小旗，上画一日形，一三足乌，船之两旁，俱有龙凤旗帜。船内设龙袍。沿途雇觅妇女，唱曲取乐。七月二十一日，船抵山东德州地方，正逢安德海的生日，所带男女多人，都向他罗拜，品竹调丝，设宴作乐，两岸观者如堵。德州知州赵新，用夹片密禀山东巡抚丁宝桢。七月二十九日，丁宝桢以"太监自称奉旨差遣，招摇煽惑，真伪不辨"为理由，一面用四百里专折奏闻朝廷，一面密饬东昌府知府程绳武、济宁州知州王锡麟跟踪查拿。程绳武"躬篝屩，驰烈日中，蹑其后三日不敢动"。

这时，同治皇帝刚满十四岁，尚未亲政。但是，早在上年二月二十一日（1868年3月14日），他就和两宫皇太后一起召见军机大臣了。因为安德海曾在慈禧面前反映过他的情况而恨之入骨，"于宫中时时以小刀断泥人首"，别人问时，则说"杀小安子"。当丁宝桢的奏折送到的时候，慈禧太后正在病中，同治皇帝命恭亲王奕䜣带内务府大臣面对。按照清代的祖制，太监不得擅自离开北京，违者，杀无赦。但是，安德海是慈禧太后的心腹，有的大臣竭力为他开脱。同治非常气愤，说："此曹如此，该杀之至！"接着，召见军机大臣，谈了同样的意见。军机大臣亲自拟旨，以六百里飞寄直隶、两江、江苏、山东督抚和漕运总督，要他们"迅速派委干员，于所属地方将六品蓝翎安姓太监严密查拿，令随从人等指证确实，毋庸审讯，即行就地正法"。

安德海到达临清后，因运河水浅，不便行船，于是弃船乘车，改行陆路，由临清、东昌至汶上、宁阳，又由宁阳折回泰安。遇有人盘问，所雇镖客"即上前肆行恐吓，并假作欲行查拿形状"。八月初二，于泰安县南关，为泰安知县何毓福诱获，解送省城济南，由丁宝桢亲自审讯。最初，安德海还有恃无恐地宣称："我奉皇太后命，赴苏州采办龙袍，汝等自速戾耳！"丁宝桢诘以既系奉旨钦差，何以并无谕旨及传牌勘合？又何以携带妇女，妄用禁物，一路招摇，震惊地方？安德海才"形色惶恐，俯首无词，自称该死"。从他的贴身包袋内，搜出干预地方公事的纸片二张，在他的随身衣箱中，又发现龙袍一领，翡翠朝珠一挂。初六日亥刻，丁宝桢接到军机处寄来的密谕。第二天，就委派按察使潘霨、参将绪承，督同府县将安德海即行正法。

廷寄发出后，慈禧太后才知道安德海的情况，尽管她对同治皇帝的做法深为不满，但也无可奈何。当她看到丁宝桢已将安德海正法的奏折后，在盛怒之下，索性以皇帝的名义谕令丁宝桢将随从安德海之太监六人、管家二人及所雇镖客五人一并正法。随从外出的安德海家属二人，和尚一人，苏拉四人，以及为苏拉服役者一人，均发往黑龙江给披甲人为奴。为安德海经管家务的太监王添福虽未出京，也着慎刑司解交刑部即行处绞。

安德海的伏法，大快人心。翁同龢听说安德海被丁宝桢拿获，家产已被查封，就在日记中写道："快哉！快哉！"安德海被处决后，曾国藩以赞许的口吻对薛福成说："吾目疾已数月，闻是事，积翳为之一开，稚璜（丁宝桢字）豪杰士也。"这时，慈禧、慈安仍在垂帘听政，人们在称赞丁宝桢的同时，亦往往归美于两宫皇太后。薛福成在谈到安德海伏法一事时，一方面称赞丁宝桢"独擒巨慝于萌芽之时，易如反掌"，"其忠与智勇可谓兼之矣"；另一方面又说："向非列圣家法之严，皇太后之明圣与诸王大臣之匡弼，其安能若是神速哉！"他们以为安德海是假传圣旨，私逃出都。其实，如果没有慈禧太后的支持，安德海是决不敢以身试法的。

清代帝后，喜欢园居。早在入关之初，清统治者就因忍受不了北京夏天的炎热，准备择地筑城避暑。顺治七年（1650）七月，摄政王多尔衮谕令户部加派直隶、山西、浙江、山东、江南、河南、湖广、江西、陕西九省地丁银二百四十九万余两，"输京师备工用"。同年十二月，多尔衮病死，筑城避暑的计划被搁置起来，仅将明代的南苑稍加修葺，"用备蒐狩"。

康熙中叶，清统治者在海淀明武清侯李伟清华园的旧址上，兴建了清代第一座皇家园林畅春园，在玉泉山修建了澄心园（后改静明园），在香山修建了行宫（后改静宜园），在热河修建了避暑山庄。康熙四十六年（1707），康熙将畅春园北一里许地名华家屯的一座园林赐给他的第四个儿子胤禛，并亲题园额曰"圆明园"。这时的圆明园，只是一座皇子的赐园，面积约六百亩。康熙六十一年（1722），康熙病死，胤禛即位，这就是雍正。雍正三年（1725），雍正在圆明园原有"亭台丘壑"的基础上加以扩建，"建设轩墀，分列朝署，俾侍值诸臣有视事之所。构殿于园之南，御以听政"。全园面积增至三千余亩，有二十八处重要的建筑组群。从此，圆明园成为清统治者经常居住和向全国发号施令的政治中枢。紫禁城的宫殿，只不过是皇权的象征，备举行重大典礼之用而已。

乾隆即位的时候，清王朝已经建立了将近一百年，国家的统一，政权的巩固，特别是经济的恢复和发展，为乾隆大兴土木提供了物质基础。乾隆在《日下旧闻考》的《题词》的注中说："余临御四十余年，凡京师坛庙、宫殿、河渠、苑囿、衙署，莫不修整。"为了追求"山水之乐"，乾隆对苑囿的兴建具有浓厚的兴趣。他即位以后，就先后改建和扩建了康熙、雍正年间在北京西北郊兴建的畅春园、圆明园、静明园、静宜园，并借疏浚西湖的机会，兴建了万寿山清漪园。这就是人们常说的"三山五园"。在"三山五园"中，乾隆对圆明园的经营可以说是不遗余力。他在圆明园原有的范围内调整园林景观，并增建若干建筑组群以丰富园景，同时在紧邻圆明园的东面和东南面兴建了长春园和绮春园。这三座园林，连成一片，总面积达五千二百余亩，有风景建筑组群一百余处，称为圆明三园，同属圆明园总管大臣管理。我们常说的圆明园，实际上是包括长春、绮春二园在内的。乾隆凭借皇家特有的人力、财力、物力的优势，在圆明园内移植了许多中国南方著名的风景、园林和建筑，还兴建了一组欧洲巴洛克式风格的西洋楼。圆明园不仅集中国古代园林艺术和建筑艺术的大成，而且吸收和融合了欧洲的建筑艺术和园林艺术。它在园林艺术和建筑艺术上的高度成就，使它蜚声中外，被欧洲人誉为"一切造园艺术的典范"。

嘉庆年间（1796—1820），又继续经营，圆明园更加完美。道光时期（1821—1850），清政府的财力已江河日下，不得不尽撤三山（香山、玉泉山、万寿山）陈设，对圆明园却随时增改，每年的岁修经费，常常在白银十万两以上。

咸丰即位后，内忧外患纷至沓来，圆明园成了他以酒色自娱的场所。他经常驻跸圆明园，并时幸三山，略复乾、嘉旧制，三园土木之役尤不绝于书。咸丰十年（1860），英、法联军侵入北京。八月初八，咸丰自圆明园逃往热河避暑山庄。八月二十一日，侵略军占领海淀，二十二日，占领圆明园。在疯狂抢劫之后，又将圆明园及其附近的皇家园林一起纵火焚烧。于是，这座凝结着中国人民智慧和血汗的一代名园——圆明园以及附近的畅春园、清漪园、静明园、静宜园，就被侵略者烧成一片废墟了。

当御园被劫的消息传到热河，咸丰皇帝极为愤恨。后来听到诸园全部被焚，更气得口吐鲜血。他临终时将"御赏"和"同道堂"两枚图章分别赐给皇后和皇太子，其中实有深意。因为同道堂不仅是咸丰皇帝在圆明园的书斋，也是他逃往热河前在圆明园进最后的一次早餐之处。这两枚图章，就含有提醒人们不能一日忘此仇恨耻辱的意思。

同治初年，慈禧太后迫于形势，提倡节俭，下令停止避暑山庄工程。但是，当太平天国、捻军相继被镇压下去，清王朝的统治得到暂时的稳定之后，慈禧太后又开始追求享受了。同治七年（1868）八月，一位善于逢迎的御史德泰，奏请修理园庭，并代递内务府库守贵祥所拟筹款章程，"于京内外按户、按亩、按村鳞次收捐"，奕訢以为侈端将启，请旨切责德泰丧心病狂，着即革职，贵祥革去库守，发往黑龙江给披甲人为奴。

同治十一年九月十五日（1872年10月16日），同治大婚。选立翰林院侍讲崇绮之女阿鲁特氏为皇后，封员外郎凤秀之女富察氏为慧妃，知府崇龄之女赫舍哩氏为瑜嫔，前任副都统赛尚阿之女阿鲁特氏为珣嫔。明年正月二十六日（1873年2月23日）举行亲政典礼。两位皇太后退处深宫，不再干预朝政。

　　同治本来就是一个纨绔子弟，在亲政之前，由于慈禧督责很严，他在慈禧面前，往往"语言寒吃"、"举动朒缩"。一旦亲政，从前的约束全部解除，便为所欲为，无所顾忌了。为了给两宫皇太后，同时也给自己经营一个游乐场所，于同治十二年八月，以"奉养两宫"为借口，下令修治圆明园。他派人前往四代承办园工的雷思起家索取三园全图，计划先建设殿宇三分之二。谕下十日，即行兴工拆除，克期修造，拟于明年内完成，以便庆祝慈禧太后的四十岁生日。御史沈淮上书，请求缓修，遭到同治的申斥。御史游百川又上书谏阻，同治更加恼怒，指责游百川："既为言官，并未闻有关国计民生之论，乃先阻朕尽孝之心，该御史天良安在？"将游百川即行革职。同治十三年正月十九日（1874年3月7日），各处工程正式开工，慈禧亲自执笔绘图，指示房式机密烫样。同治还置奕䜣、李鸿藻等的劝谏于不顾，多次巡视圆明园施工现场，盘桓终日。六月初七，翰林院侍讲学士、南书房行走李文田又奏请停止园工，他尖锐地指出："此皆内务府诸臣及左右宵人荧惑圣听，导皇上以朘削穷民为自利之计"，"使自来为人君者日朘削其民而无他患，则唐、宋、元、明将至今存，大清又何以有天下乎？"同治也不予理睬。不久，经办圆明园工程木材的商人李光昭招摇撞骗，并以五万余元之木价谎报为三十万两的事实被揭发出来，反对修复圆明园的呼声更加高涨。而同治微行以及与诸太监嬉戏等情况亦被慈安侦悉，恭亲王奕䜣等忍无可忍，于七月十六日上《敬陈先烈，请皇上及时定志用济艰危折》，历举开国以来诸帝创业之难，以说明守成不易。除坚请速停园工外，并分条指陈亲政后的种种疏失，辞极危切。又担心同治不看或不全看，请求召见，不许。经过再三请求，才于十八日召见。同治刚看了几行，就说："我停工如何？尔等尚有何饶舌？"奕䜣说："臣等所奏尚多，不止停工一事，容臣宣读。"遂将折中所陈逐条讲读，反复指陈。同治大怒，说："此位让尔如何？"文祥闻之，伏地一恸，喘息几绝，乃先命扶出。醇王奕譞接着泣谏，讲到微行一条，同治追问："何从传闻？"醇王指实时间、地点，他才无话可说。最后表示："园工一事，不能遽停，为承太后欢，故不敢自擅。"同意代为转奏。

但是，七月二十一日，同治又去圆明园巡视，毫无停工之意。二十七日，同治召见醇王，碰巧奕譞往南苑验炮去了，于是召见奕䜣，又问："微行一事，闻自何人？"奕䜣回答说："臣子载澂。"同治更加恼怒。二十九日辰刻，同治上朝，发下升调魁龄、崇绮等官职的谕旨后，忽然大发雷霆，召见诸王大臣，谕以恭亲王无人臣礼，当重处；遂用朱笔缮写谕旨，尽革恭王所任军机大臣及一切差使，降为不入八分辅国公，交宗人府严议。王大臣等顿首固请，同治不顾而起，即以所革恭王差使，分简诸王大臣等，收回魁龄等升调谕旨。午刻，又召见王大臣及弘德殿师傅翁同龢，责问诸臣于园工一事何以不早言？又责翁同龢何以不言？这时，翁同龢因回籍葬父刚回到北京，于是将江南民间所传一一陈述，并以人心涣散为言。同治虽然点头表示赞成，但是，余怒未息，仍诟责恭王、醇王，且有

"离间母子，把持政事"之语，奕䜣、奕谭叩头申辩不已。翁同龢说："今日事须有归宿。请圣意先定，诸臣始得承旨。"同治说："待十年或二十年，四海平定，库项充裕，园工可许再举乎？"诸臣回答说："如天之福，彼时必当兴修。"于是决定停止圆明园工程，改修三海（中海、南海、北海）。翁同龢等同至军机处斟酌拟旨，递上，浏览。申初，发下密封朱谕一道，交文祥等四人拆阅，谕中历数奕䜣过失，有"目无君上，诸多跋扈，欺朕之幼，离间母子，天良安在"等语，革去恭亲王世袭罔替及其子载澂贝勒郡王衔。文祥等请见，不许；递奏片请改，不许。文祥等又递奏片，同治才答复说："今日俱散直，明日再定。"申正二刻，发下停止圆明园工程诏书，文祥等才离开军机处。

七月三十日，同治发下一道朱谕："朕自去岁正月二十六日亲政以来，每逢召对恭亲王时，语言之间，诸多失仪，着加恩改为革去亲王世袭罔替，降为郡王，仍在军机大臣上行走。并载澂革去贝勒郡王衔，以示惩儆。"八月初一，又发下一道朱谕，将惇王、恭王、醇王、伯彦讷谟祜、景寿、奕劻、文祥、宝鋆、沈桂芬、李鸿藻十人全部革职，说他们"朋比谋为不轨"，并将召见六部尚书、侍郎、内阁学士等当众宣布。事情越闹越大，慈禧、慈安听到这一消息，急忙赶到弘德殿，召见军机和御前大臣。慈禧太后流着眼泪安慰奕䜣说："十年已来，无恭邸何以有今日！皇帝少未更事，昨谕着即撤销。"当天就发布上谕恢复奕䜣和载澂的爵职。

圆明园停工后，同治就将兴趣转移到别的方面。八月十

八、十九两日，他游览南海、北海，流连忘返。八月二十七至九月初六，到南苑狩猎。十月二十日又传旨：自是日起至十一月初一皆无书房。其原因是要在宫内演戏。但是，十月三十日，同治皇帝就病倒了。最初说是去西苑（三海）时受了凉，继而说是发疹，十一月初一才定为天花。初五，同治谕令每日批折由李鸿藻缮写，满文折件由奕䜣等缮写。初八，慈禧在养心殿西暖阁召见奕誴、奕䜣、奕譞、奕詥、景寿、文祥、李鸿藻、徐桐、翁同龢等，她说："数日来圣心焦虑，论及奏折等事，上既未能躬亲，尔等当思办法，当有公论。"诸臣奏称："圣躬正值喜事，一切章奏及必应请旨之事，拟请两宫皇太后权时训谕，俾有遵循。"慈禧表示同意，令诸臣退出至军机处拟旨。一会儿，慈禧又召见诸臣于西暖阁，她说："此事体大，尔等当先奏明皇帝，不可径请。"初九，同治召见军机和御前大臣，召见时，慈禧也坐在御榻之上。同治说："天下事不可一日稍懈，拟求太后代阅折报一切折件，俟百日之喜，余即照常好生办事。"慈禧接着说："昨日西暖阁一起，乃出臣工之请，本恐烦皇帝心虑，故未告知。今当诸王大臣即告皇帝勿烦急，已允诸臣所请矣。"于是，所有内外各衙门陈奏事件，都呈请慈禧太后批览裁定了。

同治十三年十二月初五（1875年1月12日）酉刻，同治死于养心殿东暖阁。戌刻，慈禧、慈安就在养心殿西暖阁召见奕誴、奕䜣、奕譞、李鸿藻、翁同龢等二十余位王公大臣。慈禧首先发问："此后垂帘如何？"一位军机大臣回答说："宗社为重，请择贤而立，然后恳请垂帘。"慈禧说："文宗无次子，

图 6.1 养心殿东暖阁

今遭此变,若承嗣年长者,实不愿,须幼者乃可教育。现在一语即定,永无更移,我二人同心,汝等敬听。"她选的这个人,就是醇亲王奕譞的儿子,她的外甥,年仅四岁的载湉。这个决定,使与会诸臣都感到吃惊,醇亲王奕譞"惊遽敬唯,碰头痛哭,昏迷伏地,掖之不能起"。弟承兄位,在清代历史上是没有先例的。慈禧选立载湉的目的,是为了继续垂帘,"须幼者乃可教育",只不过是一种借口。诸臣遵命退至军机处拟旨。慈禧派遣御前大臣及孚郡王奕譓等以暖舆前往宣武门外太平湖醇王府迎接载湉。初六凌晨,数百名侍卫和太监手提灯笼,簇拥着四岁的载湉，蟒袍补褂入大清门，从正路入乾清门至养心殿谒见两宫皇太后，以承继文宗显皇帝为子的名义入承大统为嗣皇帝，年号光绪。慈禧和慈安又一次垂帘听政。这时，慈禧太后又发布一道懿旨为自己辩解：

> 垂帘之举，本属一时权宜。惟念嗣皇帝此时尚在冲龄，且时事多艰，王大臣等不能无所禀承，不得已姑从所请。一俟嗣皇帝典学有成，即行归政。

由于同治皇帝病死，三海工程亦宣告停止。

七、甲午风云

载湉，是醇亲王奕譞的次子，因为奕譞的长子载瀚早殇，所以，有的书就以载湉为奕譞的长子了。生母醇亲王福晋叶赫那拉氏，是慈禧太后的胞妹。同治十年六月二十八日（1871年8月14日）子时，生于北京宣武门内太平湖醇王府之槐荫斋。同治十一年（1872）九月，赏给头品顶戴。十三年（1874）十一月，赏食辅国公俸。十二月初五，同治皇帝病死，由慈禧太后做主，承继文宗显皇帝为子，入承大统为嗣皇帝。按照清朝的祖制，父亲死后，皇位由儿子继承。同治没有儿子，理应为同治立嗣。但是，为同治立嗣，慈禧就成了太皇太后，不仅立一个年长的她不能垂帘听政，立一个年幼的，她也不能垂帘听政了。要垂帘听政，就只能给咸丰

图 7.1　光绪像

立嗣，而且不能立长，只能立幼。载湉既是咸丰的侄子，又是慈禧太后的外甥，这时又只有四岁，所以，他就成了皇位继承人的最佳人选。

在慈禧看来，载湉是自己的外甥，性情温顺，而且年龄只有四岁，正是可塑性很大的时候，如果很好地加以教育，是能够成为自己得心应手的工具的。同治十三年十二月二十四日（1875年1月31日），慈禧太后在一道谕旨中指出："皇帝尚在冲龄，养正之功，端宜讲求。所有左右近侍，止宜老成质朴数人，凡少年轻佻者，概不准其服役。"光绪元年十二月十二日（1876年1月8日），慈禧太后发布懿旨，要钦天监于明年四月内选择吉期，让光绪在毓庆宫入学读书；派署侍郎、内阁学士翁同龢，侍郎夏同善充当师傅。光绪的读书课程及毓庆宫一切事宜，由他的父亲醇亲王奕譞妥为照料，国语清文和蒙古语言文字及骑射等事，派御前大臣随时教习，亦由奕譞一体照料。十二月十八日，御史吴镇奏请慎择宦寺，俾儒臣得尽启沃。为此，慈禧太后又一次发布懿旨，强调皇帝的随侍太监，"自应慎选恂谨老成之人，以供服役"。她要求奕譞等"随时稽查，如有积习未化，前后易辙者，即立予重惩，用示杜渐防微至意"。

翁同龢原在弘德殿行走，曾为同治皇帝讲《帝鉴》，效果较好，得到慈禧的赏识，所以慈禧把他选为光绪皇帝的师傅。但是，翁同龢深知，做皇帝的师傅很不容易，"闻命感涕，不觉失声"。他和夏同善都分别具折，恳求慈禧收回成命。慈禧不听，要他们"凛遵前旨，毋许固辞"。翁、夏二人只好具折谢恩。十二月十四日,慈禧亲自召见奕谟、奕劻、景寿、翁同龢、夏同善等五人于养心殿东暖阁,翁同龢又将他恳辞的原因一一陈说。慈禧听后,挥涕不止,翁同龢等亦痛哭流涕。最后,慈禧希望翁同龢尽心竭力,济此艰难。同时将翁同龢、夏同善二人的工作做了明确的划分:翁同龢负责授书,夏同善负责承直写仿等事。

四月二十一日,是光绪入学读书的第一天。这天卯正,光绪亲自到圣人堂向孔子行礼,随从的官员们都补褂朝珠。翁同龢等站班后与伯彦讷谟祜、奕劻跟随光绪到毓庆宫。光绪坐在后殿明间的宝座上,翁同龢等四人向他行三跪九叩礼毕,他从宝座上走下来向翁同龢等一揖,翁同龢等都跪在地上答礼,然后跟随他进入西间。伯彦讷谟祜等先拉弓,然后操蒙古语及满字头四句。这时,奕䜣来传懿旨,说皇帝连日体不甚适,功夫不过一二刻可退。翁同龢点书四句教他诵读,读得非常流畅。又上字四个,他已有倦容。翁同龢讲书一则,没有写字就从西间退出。奕谟来到毓庆宫,不禁想起同治皇帝在弘德殿读书的情景,相对默然。翁同龢再次进入西间,奕䜣说,可以结束了。于是告诉总管范长禄:"今日上汉书四句,汉字四个,满字一个,满字头四句,可即以此复奏。"翁同龢等站班,一同离开毓庆宫,这时才晨初二刻。和同治初入学时相比,光绪的负担就轻多了。但是,翁同龢毕竟是一个封建时代的学者,他向光绪灌输的仍然不外乎儒家的纲常名教之类的说教。他在教学中一方面"于列圣遗训,古今治乱,反复陈说",要光绪关心民间疾苦;另一方面又强调"以圣孝为本"。这样的教育,对光绪的一生产生了巨大的影响。

光绪七年三月初十（1881年4月8日）戌时，四十五岁的慈安太后突然死去。军机处草拟的谕旨，在谈到慈安由生病到死亡的经过时，原为"初九，慈躬偶尔违和，当进汤药调治，以为即可就安，不意逾时，痰涌气塞，遂至大渐，遽于初十戌时仙驭升遐"。这样表述，很容易引起人们的怀疑，经过反复斟酌，将"以为即可就安"以下的文字改为"不意初十病势陡重，痰涌气塞，遂至大渐，遽于戌时仙驭升遐"。把痰涌气塞，遂至大渐的时间由"逾时"推迟到第二天的一个不确定的时间。但是，慈安太后的死亡毕竟太突然了，她的死因，不能不引起人们的怀疑，认为慈安太后是被慈禧太后毒死的。直到现在，慈安太后之死仍然是一个谜。

慈安太后死后，慈禧太后的权力得到了加强。光绪十年（1884），中法战争爆发，清军接连受挫，日讲起居注官左庶子盛昱奏请将军机大臣交部严加议处，责令戴罪图功。慈禧借此机会，以奕䜣"因循委靡，决难振作"为借口，免去他的一切职务，撤去恩加双俸，家居养疾；其他四位军机大臣——宝鋆、李鸿藻、景廉、翁同龢也全部罢免；令礼亲王世铎在军机大臣上行走，庆郡王奕劻管理总理各国衙门事务，结束了北京政变以来"办夷之臣即秉政之臣"的局面。世铎、奕劻才具平庸，唯慈禧太后之命是听，慈禧太后的权力得到进一步加强。

光绪十一年（1885）二月，清军大败法军于镇南关（今友谊关），法国茹费理内阁倒台，慈禧不顾中国军民的反对，决意乘胜求和，下令撤军，并授权李鸿章与法国驻华公使巴德诺,于四月二十七日在天津签订《中法新约》。

光绪十二年（1886），光绪即将年满十五岁。六月十日，慈禧面谕醇亲王奕𫍽及军机大臣世铎等,自本年冬至大祀圜丘（天坛）为始,皇帝亲诣行礼,并着钦天监选择吉期,于明年正月举行亲政典礼。光绪当即长跪恳辞,奕𫍽、世铎、伯彦讷谟祜等也恳请从缓,都遭到慈禧的拒绝。十五日,发布懿旨:"皇帝亲政典礼,于明年正月十五日举行。所有应行事宜,着各该衙门敬谨预备。"接着,王大臣等又纷纷上书,恳请训政。经过光绪和王大臣等的再三请求,慈禧才表示同意于皇帝亲政后再行训政数年。她对翁同龢说:"前日归政之旨,乃历观前代母后专政,流弊甚多,故急于授政,非推诿也。诸臣以宗社为辞,予何敢不依,何忍不依乎？"

光绪十四年十月初五（1888年11月8日）,由慈禧做主,将自己的胞弟副都统桂祥之女叶赫那拉氏选为光绪的皇后,侍郎长叙的两个女儿他他拉氏同时入选,封为瑾嫔、珍嫔。为了给光绪选后,早在光绪十一年（1885）,户部就行文八旗都统上报应选秀女名单,报名人数共九十七名。光绪十二年（1886）二月,在紫禁城御花园进行初选,参加选阅的秀女为九十五名。光绪十四年九月二十四日（1888年10月16日）,在西苑复看记名秀女,参加的就只有三十一名了。经过一再选阅,仅留下了五名。光绪十四年十月初五,再从五人中选出一后二嫔。这次选阅,据说是在紫禁城体和殿举行的。参加选阅的有副都统桂祥之女叶赫那拉氏,江西巡抚德馨之二女富察氏,侍郎长叙之二女他他拉氏。当时,慈禧上坐,光

图 7.2　光绪大婚图

绪侍立一旁,荣寿公主及福晋、命妇立于座后。前设一小长桌,上置镶玉如意一柄,红绣花荷包二对。慈禧手指诸女对光绪说:"皇帝,谁堪中选,汝自裁之,合意者即授以如意可也。"说着,就将如意授与光绪。光绪说:"此大事,当由皇爸爸主之,子臣不能自主。"慈禧坚持要他自选。于是,光绪拿起如意,走到德馨女儿的面前,正想把如意给她,慈禧大声叫道:"皇帝!"并向桂祥的女儿努嘴,要光绪把如意给她。光绪不得已,只好照慈禧的意见办。慈禧以为,光绪的意中人是德馨的女儿,如果选成妃嫔,将来必有夺宠之忧。于是,不容光绪再选,匆匆命荣寿公主将红绣花荷包二对分别授给长叙的两个女儿。这个传说,虽然不一定可靠,但是,光绪的皇后是由慈禧太后"指立",却是千真万确的。慈禧之所以要将自己的侄女指立为光绪的皇后,就是为了加强对亲政后的光绪皇帝的控制。这种违反本人意愿的婚姻，怎能不出现夫妻反目的结局呢？

光绪十五年（1889）正月，光绪大婚礼成。二月初三，慈禧太后撤帘归政。御史屠仁守奏请明降懿旨，外省密折、廷臣封奏，仍书皇太后圣鉴字样，恳恩批览，然后施行。慈禧斥为"乖谬"，将屠仁守开去御史，交部议处。

同治时，慈禧就想修建一座供自己游乐的园林。但是，两次修复圆明园，都因遭到反对而中止，改修三海又因同治皇帝之死而停工。光绪十一年（1885）九月，设立海军衙门，派醇亲王奕譞总理海军事务，庆郡王奕劻、大学士、直隶总督李鸿章为会办。他们禀承慈禧太后的意志，以办海军的名义，修葺咸丰十年（1860）被英、法联军焚毁的万寿山清漪园。

清漪园，是以自然山水为基础修建起来的皇家园林。万寿山，原名瓮山。瓮山的南面，地势比较低洼，附近的玉泉、龙泉的泉水都汇集在这里，形成一个湖泊，人们称之为瓮山泊或大泊湖。元世祖忽必烈统一中国以后，大都（今北京市）成为全国的政治中心。当时，每年都要从南方调来数以百万石计的粮食。为了解决粮食的运输问题，杰出的科学家郭守敬建议并亲自主持疏浚瓮山诸泉作为通惠河的水源之一。上起瓮山，下至蓝靛厂，筑起了一道南北走向的十里长堤，使瓮山诸泉改变流向，沿着长河南流入城。到了明代，劳动人民在瓮山泊的周围大规模地开辟水田，湖里种植了菱、茭、莲、菰；并先后在瓮山和长堤上建成圆静寺、龙王庙等寺庙。它和峰峦重叠的西山，形成北京西北郊有名的风景区。明代的诗文，常常把这里的景色和江南相比,说它"宛然江南风物"。因为瓮山泊在北京城的西面,于是,人们借用杭州西湖的名称,称之为西湖,而且出现了"西湖十景"的名称,获得了"一郡之胜观"的称誉。四月游西湖,成了当时北京的风俗。到了夏天,荷花盛开的时候,西湖的游人更是熙来攘往。文学家袁宗道在《西山十记》中说:"每至盛夏之月,芙蓉(荷花)十里如锦,香风芬馥,士女骈阗,临流泛觞,最为胜处矣。"

由于这一带景色优美,所以逐渐变成封建统治阶级游玩享乐的场所。明宣宗朱瞻基在玉泉山下修建望湖亭以观赏西湖风景。明武宗朱厚照又在西湖边修筑钓台。万历十六年(1588),明神宗朱翊钧还在西湖举行了一次"水猎"。皇亲、贵戚、官僚、太监等在西湖的附近建造供他们享乐的园林。武清侯李伟的清华园和水曹郎米万钟的勺园,就是这些园林中最有名的两座。

清王朝建立后,先后在西湖的附近兴建了畅春园、圆明园、静明园。西湖的风景虽然很美,但是,在山洪暴发的时候,这座绵亘十里的长堤往往溃决,给附近人民的生命财产造成严重损失。康熙皇帝修建畅春园的时候,特别在畅春园的西墙外修筑了一道西堤,其目的就是保卫畅春园。为了变西湖的水害为水利,同时也为了利用这里的自然山水修建园林,乾隆十四年(1749)冬,动员了上万的民工,用了将近两个月的时间,仿照杭州西湖的形状疏浚西湖。原来的长堤,只保留了龙王庙部分,使畅春园外的西堤成为疏浚后的西湖的堤岸,湖的西部,亦仿照杭州的西堤另筑一堤。于是,畅春园西墙外的西堤成为东堤，而湖西的新堤成为西堤了。瓮山，本来是一座"童童无草木"的石山，疏浚西湖时，将湖中的泥土堆在瓮山的东麓，并在山上进行绿化。这里的湖山都按照园林的要求重新安排了。

乾隆十六年（1751），是乾隆的生母崇庆皇太后钮钴禄氏的六十岁生日。为了祝寿，乾隆在改西湖为昆明湖的同时，改瓮山为万寿山，并在圆静寺的旧址建造了大报恩延寿寺。这年七月，清漪园的名称就出现了。据记载：清漪园自乾隆十五年（1750）开始兴修，至乾隆二十九年（1764）工竣，历时十五年，共用银四百四十万二千八百五十一两九钱五分三厘。

当时，北京西北郊建成了"三山五园"。在"三山五园"中，圆明园是首屈一指的。乾隆曾得意地夸耀说："天宝地灵之区，帝王豫游之地，无以逾此。"但是，清漪园的自然景色，却在其他诸园之上。"何处燕山最畅情，无双风月属昆明。"清漪园在乾隆心目中的地位，可以想见。

崇庆皇太后生前就住在畅春园。她的六十、七十、八十三次万寿庆典，都是在清漪园举行的。乾隆年间，又曾在昆明湖内"设战船，仿福建、广东巡洋之制，命闽、浙千把教演"，"每逢伏日，香山健锐营弁兵于湖内按期水操"。这些事实，就成为慈禧修葺清漪园的历史依据。为了掩人耳目，恢复昆明湖水操，并设水师学堂于昆明湖。水师学堂，包括水操内学堂和水操外学堂。水操内学堂于光绪十三年十二月十五日（1888年1月27日）午刻开学，这一天的未刻，主持水操内学堂开学典礼的官员又亲自主持了清漪园排云殿的上梁仪式。但是，昆明湖毕竟不是练水师的地方，乾隆时曾在这里练过水师，不久就陆续裁撤。这样的理由，自然无法欺骗了解内情的人们。于是，奕譞通过奕劻转告翁同龢等，要他们谅解他的"苦衷"。翁同龢在日记中含蓄地写道："盖以昆明易勃海，万寿山换滦阳也。"勃海，就是渤海；滦阳，就是地处滦河之北的避暑山庄。以办海军之名，行修清漪园之实，不就是昆明湖代替了渤海，万寿山代替了滦阳吗？这时，三海工程已经复工，清漪园的大兴土木又在社会上广泛流传，人们纷纷传说，圆明园工程亦将陆续兴办。为了使清漪园工程顺利进行，慈禧不得不于光绪十四年二月初一（1888年3月13日）以光绪皇帝的名义发布上谕，将清漪园工程公开，并取"颐养冲和"的意思，将清漪园改名颐和园。这时，颐和园的近半数工程都已经开工甚至完成了。

光绪十四年十二月十五日（1889年1月16日），紫禁城贞度门失火，延烧太和门及库房等处，这样的事件，在封建社会总是被看作上天对统治者提出的警告，这就为反对兴修颐和园的人们提供了新的理由。慑于舆论的压力，慈禧发布了一道懿旨，说什么贞度门失火，固然是由于管理人员不小心，但是，"遇灾知儆，修省宜先。所有颐和园工程，除佛宇及正路殿座外，其余工作一律停止"。表面上说停止一部分，实际上是照常进行。光绪十六年九月十五日（1890年10月2日），御史吴兆泰奏请停止颐和园工程，慈禧勃然大怒，以光绪皇帝的名义发布上谕，对吴兆泰进行严厉的申斥。这篇上谕，除了重复她在光绪十四年二月初一上谕中的理由外，就是指责吴兆泰"实属冒昧已极","着交部严加议处"。这就是说,欺骗已经不能解决问题,于是使出她的另一张王牌,以封建专制的淫威,杀一儆百,使别人不敢再阻止她兴修颐和园了。

但是,慈禧修颐和园,毕竟是不得人心的。为了不让别人再提修颐和园的事,她又使出了新的一招。

光绪十七年(1891)四月,慈禧以光绪皇帝的名义发布上谕说,颐和园工程,"即将告竣"。六月初四,她就要"幸颐和园,即于是日驻跸,越日还宫"。从此,她就要"往来游豫",在这里"颐养冲和"了。既然颐和园工程已经结束,反对兴修颐和园的议论,也就可以从根本上杜绝了。

此后,慈禧常有去颐和园的活动,因此,有的记载也说,光绪十七年"颐和园葳工"了。

其实,颐和园工程在光绪十七年不但没有"即将告竣",与此相反,正在全面展开,一些大的工程如佛香阁、谐趣园、德和园大戏楼等主要建筑还刚刚开始,所谓"即将告竣",完全是欺人之谈。

光绪二十年十月初十(1894年11月7日)是慈禧太后六十岁生日,准备在颐和园大规模地进行庆祝。光绪十八年十二月初二(1893年1月19日)就委派礼亲王世铎、庆郡王奕劻等总办万寿庆典。光绪二十年春,又成立庆典处,专门办理庆典事宜。仿照乾隆年间为皇太后祝寿的成例,自紫禁城西华门至颐和园东宫门跸路所经分设六十段点景,建造各种不同形式的龙棚、经坛、戏台、牌楼和亭座。江南、杭州、苏州三个织造衙门,特造彩绸十万匹,以供庆典之需。

光绪二十年（1894）五月，中日战争爆发，中外舆论都认为中国必胜。光绪一力主战，慈禧亦主战，"不准有示弱语"。但是，当有人建议停止颐和园工程，停办点景，移作军费的时候，慈禧却非常生气，说："今日令吾不欢者，吾亦将令彼终身不欢。"后来，清军在朝鲜战场上接连失利，北洋海军又在黄海之战中受到严重挫折。慈禧为了不影响自己的万寿庆典，转而支持李鸿章避战求和的方针，幻想外国出面调停。由于形势更加紧张，慈禧被迫宣布："所有庆辰典礼，着在宫中举行，其颐和园受贺事宜，即行停办。"在旅顺、大连万分危急的情况下，慈禧太后在宁寿宫度过了她六十岁的生日。

十月二十四日，旅顺失守。美国驻华公使田贝根据美国政府的指示为中日调处。先令停战，若议不成，再开战。光绪认为："冬三月倭人畏寒，正我兵可进之时而云停战，得无以计诱我耶！"不愿接受。主战派与主和派之间斗争更加激烈。珍妃之兄礼部侍郎志锐"上书画战守策，累万言"，并与文廷式等弹劾李鸿章、孙毓汶、徐用仪等主和派大臣。为了打击主战派，十月二十九日，慈禧以"近来习尚浮华，屡有乞请之事"为借口，将晋封不久的瑾妃、珍妃降为贵人。一天之后，又说珍妃位下太监高万枝"诸多不法"，交内务府杖毙。接着，将奉光绪之命在热河练兵的志锐召回北京，调充乌里雅苏台参赞大臣，并裁撤满汉书房以孤立光绪。但是，主战的呼声并未因之停止。十二月初一，御史安维峻上书，请杀李鸿章，并弹劾军机大臣，认为"此举非议和也，直纳款耳。不但误国而且卖国"，并托之传闻说："和议出自太后，太监李莲英实左右之。"

尽管他表示，对于这样的传闻，他"未敢深信"，而未敢深信的理由则是："皇太后既归政皇上，若仍遇事牵制，将何以上对祖宗，下对天下臣民？"把矛头直接指向慈禧太后。慈禧大怒，将安维峻革职，发往新疆效力赎罪。

光绪二十一年正月十三日（1895年2月7日），刘公岛陷落，北洋海军全军覆灭。而清政府派往日本议和的使臣张荫桓、邵友濂又遭到拒绝，要求另派十足全权、曾办大事、名位最尊、素有声望的人为谈判代表。慈禧决定派遣李鸿章。这时，李鸿章因未能迅赴戎机，以致日久无功，光绪已谕令将他拔去三眼花翎，褫去黄马褂，革职留任。正月十八日，慈禧面谕军机大臣："即着伊去，一切开复，即令来京请训。"奕䜣说："上意不令来京。如此恐与早间所奉谕旨不符。"慈禧说："我自面商。既请旨，我可作一半主张也。"明日，发布上谕说李鸿章"勋绩久著，熟悉中外交涉，为外洋各国所信服。今日本来文，隐有所指。朝廷深维至计，此时全权之任，亦更无出该大臣之右者"，着赏还翎顶，开复革留处分，并赏还黄马褂，作为头等全权大臣前往日本议和。直隶总督、北洋大臣着云贵总督王文韶署理。

正月二十八日，李鸿章到达北京。前一天，日本又通过田贝函告清政府："中国另派大臣议和，除先允偿兵费并朝鲜由其自主外，若无商让土地及办理条约画押之全权，即毋庸派来。"李鸿章来北京的目的是当面请训。但是，让地一事，又使慈禧感到为难。于是借口"感冒"，让光绪出面在养心殿东间召见。同时召见的，李鸿章之外，还有军机大臣。对于这个问题,光绪不好公开表示反对。召见时,除询问路途是否安稳之外,谈到议约问题,"惟责成妥办而已"。在光绪面前,李鸿章和军机大臣等就割让土地问题进行了激烈的争论。李鸿章奏称:"割地之说,不敢担承,假如占地索银,亦殊难措,户部恐无此款。"翁同龢说:"但得办到不割地,则多偿当努力。"孙毓汶、徐用仪则说:"不允割地,则不能开办。"光绪问海防情况,李鸿章回答说:"实无把握,不敢粉饰。"召见结束后,李鸿章又和奕劻及军机大臣等一起在传心殿议事。因为翁同龢反对割地,李鸿章首先提出要翁同龢同他一起前往日本议和。翁同龢推辞说:"若予曾办过洋务,此行必不辞。今以生手办重事,胡可哉!"李鸿章说:"割地不可行,议不成则归耳。"孙毓汶、徐用仪仍力主割地,翁同龢重申前议,谓偿款比割地好。李鸿章又想使英、俄出力,翁同龢表示赞成,孙毓汶、徐用仪则以为办不到。议论纷纭,没有形成一致的意见。二月初一,光绪分别召见李鸿章和军机大臣。李鸿章奏称,昨日与英、俄、德三国使臣会晤,三国使臣都没有切实相助的话。他又一次提出割地,奕䜣表示赞成,翁同龢仍坚持自己的主张,其他的人则保持沉默,一言不发。光绪将召见的情况向慈禧禀报,慈禧大动肝火,怒斥道:"任汝为之,毋以启余也!"

二月初四,光绪召见军机大臣。奕䜣奏称,美使田贝告知,初二日本回电质问,敕书何以用汉字,因改为洋文再电去。光绪说:"此借事生波矣,汝等宜奏东朝(指慈禧太后),定使臣之权,并命李鸿章速来听旨。"不一会儿,奏事太监传旨,说慈禧"昨日肝气发,臂痛腹泻,不能见,一切遵上旨可也"。光绪不得已，令奕䜣传旨，授李鸿章以商让土地之权。这时，李鸿章才抛开不愿割地的面纱。他在奏折中说，割地之事，古已有之。"唐弃河湟之地，而无损于宪、武之中兴；宋有辽、夏之侵，而不失为仁、英之全盛。"西方国家，亦有先例。"普、法之战，迭为胜负，即互有割让疆埸之事"，"但能力图自强之计，原不嫌暂屈以求伸"。为了使和议能顺利进行，和约能迅速得到批准，他还进行威胁说，按照西方的惯例，会议之初，先议停战。但是，停战的时间只有几天或一二十天，假使条约"磋磨未定而限期已满，彼仍照旧进兵，直犯近畿，又当如何处置？"又说："敌情最为凶悍，倘于臣将行之时，既往之后，遽以大股北扰，应如何密为筹备？"并要求去日本之前"面聆训诲，俾有遵循"。于是，光绪密谕李鸿章"当权衡于利害之轻重，情势之缓急，通筹全局，即与议条约"。二月初九，李鸿章从北京出发，取道天津，乘轮东渡，前往马关与日本议和。

三月初五，中日两国全权代表签订停战条约六款，停战限期二十一日，于三月二十六日到期。初七，日方提出和约底稿十一款，其中最重要的有割让奉天南边各地、台湾全岛及澎湖列岛，赔偿军费白银三万万两。李鸿章立即电告总理衙门，请密告俄、英、法三国驻华公使，对于日方提出的条款，中国万不能从，唯有苦战到底。这时，辽东方面，牛庄、田庄台相继失守，澎湖亦已陷落。光绪意在速成，翁同龢则力陈台湾不可割让，与奕劻、世铎意见不合。奕劻、世铎和军机大臣们同往恭王府与正在病中的奕䜣商议电旨，奕䜣想发交廷议，孙毓汶力争,并说:"战字不能再提。"奕䜣握着他的手说:"是。"十二日,光绪召见,翁同龢又重申自己的主张,说如果割让台湾,恐从此失天下人心。孙毓汶则说:"陪都(盛京,今沈阳)重地,密迩京师,孰重孰轻,何待再计!"由于双方争论激烈,慈禧表示:辽东、台、澎,"两地皆不可弃。即撤使再战,亦不恤也"。

三月二十三日,李鸿章与日本签订了《马关条约》。承认日本对朝鲜的控制;割让辽东半岛、台湾全岛和澎湖列岛;赔偿军费白银二万万两;增开沙市、重庆、苏州、杭州四个通商口岸,日船可沿内河驶入以上各口;允许日本在中国通商口岸设立工厂,产品运销中国内地时,只按进口货纳税,并准在内地设栈寄存。条约中还规定,为保证中国履行条款,日军暂时占领威海卫。《马关条约》是日本在西方列强支持下,强加于中国的不平等条约,是《南京条约》以来严重丧权辱国的条约。

《马关条约》签订的消息传出后,全国哗然。拒和、废约、迁都再战的呼声震动了整个京城。正在北京应试的举人康有为等一千三百多人上书光绪,要求废约、拒和,并发出改良政治、挽救民族危机的呼吁。处在抗日前线的东北海城、盖平、岫崖等地人民坚决反对割让辽东半岛。台湾人民听到割让台湾的消息,"男妇老幼,痛哭愤激,不甘自外于中国",他们"誓不从倭,百方呼吁"。台湾人民决心死守台湾的行动,深深地感动了光绪皇帝。三月二十九日,他在召见军机大臣时说:"台割,则人心皆去,朕何以为天下主?"孙毓汶以前敌屡败对，光绪气愤地说："赏罚不明，故至于此。"大臣们只好唯唯引咎。第二天，光绪令军机大臣等将昨今两日议论和款的奏折十一件持与奕䜣面商，奕䜣看后说："廷议徒扰邦交，宜联而已。"他的所谓"联"，就是全盘接受日本提出的条款。

四月初一，光绪令军机大臣和庆郡王奕劻请见皇太后面陈和战事，并将两日封事十五件一并呈递。一会儿，内监传懿旨："今日感冒不能见，一切请皇帝旨办理。"第二天，光绪召见军机大臣，传达慈禧太后懿旨："和战重大，两者皆有弊，不能断，令枢臣妥商一策以闻。"光绪因为和约一事不能做出决定，忧心如焚，形容憔悴。过了两三天，慈禧虽然犹持前说，但是，已"指有所归"。初六，光绪令军机大臣等往恭王府和奕䜣商定和战之议。孙毓汶将他草拟的批准议和条约的诏书稿送交奕䜣审阅，奕䜣表示同意，这次会议，实际上已决定议和了。第二天，光绪召见军机大臣，指责孙毓汶所拟谕旨中"奉养有关，不能稍展微忱"句不妥，将它和有关台湾的段落一并删去。

当清廷上下为和战问题议论纷纷的时候，光绪曾谕令在山海关督师的刘坤一及署直隶总督王文韶会商和战之策。二人在唐山会议后奏称："必可一战，亦各有可用之将。究竟是否可靠，臣实不敢臆断。"在这同时，北洋又奏报，四月初四、初五，天津大风雨，海啸，新河上下各营被冲，水深四五尺，清军淹毙甚多，计六十余营被害。北自秦王岛，南至埕子口，情况都很严重。既然前敌将领对战争前途没有信心，北洋方面，又遭此天灾，于是"上意幡然有批准之谕"。翁同觫战栗哽咽，承旨而退。到了书房，君臣相顾挥涕。四月十四日子时，中、日两国代表在烟台如期换约。后来，由于俄、法、德三国出面干涉，日本同意以三千万两白银为代价，将辽东半岛归还中国，而台湾全岛和澎湖列岛则成了日本的领地。1945年抗战胜利，日本投降，台湾才重新回到中国的怀抱。

中日战争期间，颐和园的工程照常进行，战争一结束，慈禧又到颐和园享乐去了。当时有人写了这样的对联："一人庆有；万寿疆无。""台湾岛已割日本；颐和园又搭天棚。"按照慈禧太后的计划，原想把万寿山的后山也稍加修整，但是，由于海军衙门的裁撤，没有了经费来源，颐和园工程亦随之停止。颐和园工程，开始于光绪十二年，结束于光绪二十一年，历时约十年之久。根据当时承办工程的机构——算房对颐和

图7.3　颐和园乐寿堂（慈禧太后在颐和园的寝宫）

五十六项工程的估算，共需银三百一十八万余两。由此推算，颐和园的全部修建经费，当在五百万两至六百万两之间。颐和园工程，可以说是与海军衙门相终始。有人说海军衙门是"颐和园之工程司"，是很有道理的。

八、戊戌喋血

中日甲午战争之后，帝国主义掀起了瓜分中国的狂潮，民族危机空前严重。在维新运动的影响下，光绪皇帝锐意变法，遭到了守旧势力的激烈反对。曾经倡导洋务的恭亲王奕䜣也成了变法的反对者，他多次劝诫光绪说："祖宗之法不可变。"光绪反驳说："今祖宗之地不保，何有于法乎？"给事中高燮曾疏荐康有为，光绪准备召见，奕䜣又加以阻止，说："本朝成例，非四品官不能召见。今康有为乃小臣，皇上若欲有所询问，命大臣传语可也。"光绪不得已，令李鸿章、翁同龢、荣禄、廖寿恒、张荫桓等于正月初三日与康有为相见于总理衙门之西花厅，询问天下大计、变法之宜，并令如有所见及有著述论政治者，可由总署进呈。于是，光绪看到了康有为所上之书，他指着书中"求为长安布衣而不可得"及"不忍见煤山前事"等语对军机大臣说："非忠肝义胆，不顾生死之人，安敢以此言直陈于朕前乎！"这时，光绪名为亲政，实权却仍在慈禧手里，像变法这样的大事，没有得到慈禧的同意，是根本无法进行的。光绪二十四年（1898）春，光绪对庆郡王奕劻说："太后若仍不给我事权，我愿退让此位，不甘作亡国之君。"奕劻转告慈禧，慈禧非常生气，说："他不愿坐此位，我早已不愿他坐之！"奕劻再三劝说，慈禧才表示同意："由他去办，俟办不出模样再说。"并让奕劻转告光绪："皇上欲办事，太后不阻也。"四月初十，恭亲王奕䜣病死。四月二十三日，慈禧面告光绪："前日御史杨深秀、学士徐致靖言国是未定，良是。今宜专讲西学，明白宣示。"于是，光绪发布了由翁同龢起草的《明定国是诏》，把讲求西学，变法自强作为清王朝的国策，公之于世，使维新运动取得了合法地位。四月二十五日，诏命工部主事康有为、刑部主事张元济于本月二十八日进见。四月二十七日，慈禧却迫使光绪下诏，以"近来办事多未允协"，"每于召对时咨询事件，任意可否，喜怒见于词色，渐露揽权狂悖情状，断难任枢机之任"为借口，将翁同龢开缺回籍。并接连发布几道上谕：命王文韶来京陛见，以荣禄暂署直隶总督；嗣后在廷臣工，如蒙皇太后赏项及补授文武一品及满汉侍郎，均着于具折后恭诣皇太后前谢恩，各省将军、都统、督抚、提督等官，亦着一体具折奏谢。并寄谕荣禄：定于本年秋间，恭奉太后由火车路巡幸天津阅操。

四月二十八日，光绪在颐和园仁寿殿召见康有为。光绪问康有为年岁出身毕，康有为就尖锐地提出问题："四夷交迫，分割洊至，覆亡无日。"光绪说："皆守旧者致之耳。"康有为接着说："上之圣明，洞悉病源，既知病源，则药即在此，既知守旧之致祸败，则非尽变旧法，与之维新，不能自强。"光绪说："今日诚非变法不可。"康有为说："近岁非不言变法，然少变而不全变，举其一而不改其二，连类并败，必至无功。譬如一殿，材既坏败，势将倾覆，若小小弥缝补漏，风雨既至，终至倾压，必须拆而更筑，乃可庇托。然，更筑新基，则地之广袤，度之高下，砖石楹桷之多寡，窗门槛棁之阔窄，灰钉竹屑之琐细，皆须全局统算，然后庀材鸠工，殿乃可成。有一小缺，必无成功，是殿终不成而风雨终不能御也。"光绪深以为然。康有为又接着说："今数十年诸臣所言变法者，率皆略变其一端，而未尝筹及全体。又所谓变法者，须自制度、法律先为改定，乃谓之变法。今所言变者，是变事耳，非变法也。臣请皇上变法，须先统筹全局而先变之，又请先开制度局而变法律，乃有益也。"光绪又表示赞同。康有为又说："臣于变法之事，尝辑考各国变法之故，曲折之宜，择其可施于中国者，斟酌而损益之，令其可施行，章程条理，皆已具备。若皇上决意变法，可备采择，但待推行耳。泰西讲求三百年而治，日本施行三十年而强。吾中国国土之大，人民之众，变法三年，可以自立，此后则蒸蒸日上，富强可驾万国。以皇上之圣，图自强在一反掌间耳。"光绪说："然。汝条理甚详。"康有为说："皇上之圣，既见及此，何为久而不举，坐致割弱？"讲到这里，光绪看了一下帘外，过一会儿，叹了一口气说："奈掣肘何？"康有为知道是指慈禧太后，于是说道："就皇上现在之权，行可变之事，虽不能尽变，而扼要以图，亦足以救中国矣。惟方今大臣，皆老耄守旧，不通外国之故，皇上欲倚以变法，犹缘木以求鱼也。"光绪说："伊等皆不留心办事。"康有为说："大臣等非不欲留心也，奈以资格迁转，至大位时，精力已衰，又多兼差，实无暇晷，无从读书，实无如何，故累奉旨办学堂，办商务，彼等少年所学皆无之，实不知所办也。皇上欲变法,惟有擢用小臣,广其登荐,予之召对,察其才否,皇上亲拔之,不吝爵赏,破格擢用。方今军机总署,并已用差,但用京卿、御史两官,分任内外诸差,则已无事不办,其旧人且姑听之。惟彼等事事守旧,请皇上多下诏书,示以意旨所在。凡变法之事,请特下诏书,彼等无从议驳。"光绪点了点头,说:"是。"康有为说:"今日之患,在吾民智不开,故虽多而不可用。而民智不开之故,皆以八股试士为之。学八股者,不读秦、汉以后之书,更不考地球各国之事,然可以通籍,累致大官,今群臣济济,然无以应事变者,皆由八股致大位之故。故辽、台之割,不割于朝廷而割于八股;二万万之款,不赔于朝廷而赔于八股;胶州、旅大、威海、广州湾之割,不割于朝廷而割于八股。"光绪说:"然。西人皆为有用之学,而吾中国皆为无用之学,故致此。"康有为说:"上既知八股之害,废之可乎?"光绪说:"可。"康有为说:"上既以为可废,请上自下明诏,勿交部议。若交部议,部臣必驳矣。"光绪说:"可。"此外,还谈到筹款、译书、游学、派游历等事。这次会见,长达两个半小时,在清代历史上,是非常少见的。

召见之后,光绪面谕军机大臣:康有为着在总理衙门章京上行走,并许其专折奏事。当天,康有为就致信宋伯鲁,要他把早已拟定的《请废八股折》于明日上奏。二十九日,光绪见到宋伯鲁的奏折,立即令军机大臣拟旨。刚毅请下部议,光绪说:"若下礼部,彼等必驳我矣。"刚毅又说:"此事重大,行之数百年,不可遽废。"光绪厉声说:"汝欲阻挠我耶!"刚毅不敢再说。到了快散直的时候,刚毅又说:"此事重大,愿皇上请懿旨。"光绪默不作声,过一会儿,说:"可请知。"初四,光绪去颐和园向慈禧请安,慈禧同意废除八股。五月初五,光绪发布上谕:"着自下科为始,乡、会试,及生童岁、科各试,向用四书文者,一律改试策论。"

废除八股,这是维新派对守旧势力的一次重大胜利。"命下之日,欢声雷动。"但是,守旧势力也加强了自己的攻势。上谕发布的前一天,慈禧就实授荣禄为文渊阁大学士。发布上谕的同一天,又以王文韶为户部尚书,在军机大臣上行走,在总理各国事务衙门行走。实授荣禄为直隶总督兼充办理通商事务北洋大臣,节制北洋三军。以崇礼为步军统领。将人事、财政和军事大权牢牢地掌握在自己手里。为了加强对北京的控制,五月初六,令甘肃提督董福祥统领的甘军移驻近畿。

当变法的诏书联翩而下的时候,守旧势力非常惶恐,满洲大臣及内务府官员多跪请于太后,请她出面制止。慈禧笑而不言。有人再三哭求,慈禧笑着说:"汝管此闲事何为乎?岂我之见事犹不及汝耶!"这时,各部院大臣和各省督抚,对于新政诏书大都采取观望态度,甚至拒不执行,个别认真执行的,如湖南巡抚陈宝箴,则遭到地方守旧士绅的指责。两江总督刘坤一、两广总督谭钟麟对于五六月间谕令筹办之事,并无一字复奏。光绪严旨催问,刘坤一简单地回了一个电文说:"部文未到。"谭钟麟则连回电也没有,置若罔闻。为了动员舆论,推进变法,光绪于六月十五日发布上谕:"部院司员,有条陈事件者,着各堂官代奏。士民有上书言事者,着赴都察院呈递，毋得拘牵忌讳，稍有阻格。"礼部主事王照应诏上书，奏陈转移观听之法：1.请宣示削亡之祸已在目前，勿空言万全以贻误。2.请皇上奉皇太后圣驾巡幸中外，以益光荣而定趋向。3.请专设教部，以重教部而祛纠纷。王照是礼部司员，请求礼部堂官代递。因为他的奏折"开人所不敢开之口，又责诸臣之谬为持正而敢于谤上不忠"。礼部尚书怀塔布、许应骙等不肯代递。王照又具折参劾其堂官阻遏，到礼部大堂亲递，并说，如不代递，他就前往都察院投递。怀塔布等不得已，同意代奏。但是，在代奏的同时，许应骙又具折弹劾王照"咆哮署堂，借端挟制"；又说王照的奏折"请皇上游历日本，日本多刺客，昔俄太子、李鸿章曾蒙大祸。王照置皇上于险地，故不敢代递"，"王照居心叵测，请加惩治"。光绪知道这件事情以后，勃然大怒，于七月十六日发布上谕说："是非得失，朕心自有权衡，无烦该堂官等鳃鳃过虑。若如该尚书等所奏，辄以语多偏激，抑不上闻，即系狃于积习，致成壅弊之一端，岂于前奉谕旨毫无体会耶！"怀塔布等均着交部议处。怀塔布等的行为是违抗谕旨，而部议的结果却是："查律载，应奏而不奏者杖八十，系私罪，降三级调用。"显然是吏部尚书徐桐等避重就轻，有意包庇。于是，光绪亲自起草了一道朱谕，严肃指出："怀塔布等竟敢首先违抗，借口于献可替否，将该主事王照条陈一再驳斥，经该主事面斥其显违诏旨，始不得已勉强代奏。似此故为抑格，岂以朕之谕旨为不足遵耶！若不予以严惩，无以儆戒将来。"将礼部尚书怀塔布、许应骙，左侍郎堃岫，署左侍郎徐会沣，右侍郎溥颋，署右侍郎曾广汉六人全部即行革职。王照"不畏强御,勇猛可嘉",着赏给三品顶戴,以四品京堂补用。

七月十九日,光绪皇帝发布上谕:礼部尚书着裕禄、李端棻署理,礼部左侍郎着寿耆、王锡蕃署理,礼部右侍郎着萨廉、徐致靖署理。礼部尚书、侍郎,均系一、二品大员,没有得到慈禧太后的同意,不能正式任命。七月二十一日,光绪到颐和园向慈禧请安,经慈禧批准,才正式任命裕禄、李端棻为礼部尚书,阔普通武为礼部左侍郎,萨廉为礼部右侍郎。

礼部六堂官全部革职,是光绪对守旧顽固势力的一次沉重打击。怀塔布的妻子向慈禧哭诉,慈禧对怀塔布表示同情,"召赴颐和园,详询本末,令其暂且忍耐"。光绪去颐和园向慈禧请安的时候,慈禧责备光绪说:"九列重臣,非有大故,不可弃。今以远间亲,新间旧,徇一人而乱家法,祖宗其谓我何?"光绪理直气壮地回答说:"祖宗而在今日,其法必不若是,儿宁坏祖宗之法,不忍弃祖宗之民,失祖宗之地,为天下后世笑也。"置酒玉澜堂,不乐而罢。

为了使变法运动能更好地开展,七月二十日,光绪赏给内阁候补侍读杨锐、刑部候补主事刘光第、内阁候补中书林旭、江苏候补知府谭嗣同四品卿衔,在军机章京上行走,参与新政事宜。第二天,光绪在赐给他们的一道朱谕中说:"昨已命尔等在军机章京上行走,并令参与新政事宜。尔等当思现在时势艰危,凡有所见及应行开办等事,即行据实条列,由军机大臣呈递,候朕裁夺,万不准稍有顾忌欺饰。"第三天,光绪又撤销了李鸿章、敬信在总理各国事务衙门行走的差使,而代之以裕禄。接着，又根据徐致靖的建议，设置三、四、五品卿，三、四、五、六品学士各职，遇有对品卿缺及翰林院衙门对品缺出，即由吏部一体开单，请旨录用。仍着按品给予俸禄。令吏部详议条款，着为定例。光绪准备用这样的方法，逐步改变政府机构中维新与守旧力量的对比。

这时，谭嗣同、林旭主张开设议院，康有为认为，旧党盈塞，设议院的条件还不成熟，竭力劝止。而谭嗣同等急于举行新政。康有为认为"制度局不开，琐碎拾遗，终无当也"。但是，康有为提出的开制度局的建议，早已在旷日持久的廷议中夭折。于是，康有为建议仿先朝开懋勤殿的故事，选举英才，并邀请东西洋专门政治家共议制度，将一切应革之事全盘筹算，然后施行。光绪采纳了这一建议，令谭嗣同拟旨，并让他查阅历朝圣训，将康熙、乾隆、咸丰三朝开懋勤殿故事写进上谕。七月二十九日，光绪去颐和园向慈禧请求开设懋勤殿，"太后不答，神色异常"。光绪感到自己的处境非常危险，召见杨锐，赐给密诏，要他与林旭、刘光第、谭嗣同及诸同志妥速筹商良策。谭嗣同捧诏大哭，奔告康有为。康有为说："太后当国几四十年，是更变多而猜忌甚，未可口舌争也。"谭嗣同说："是不难，当为主上了之。"引康有为入卧室，取灰盘作书，密谋争取正在小站练兵的直隶按察使袁世凯的支持，以所部新建陆军围颐和园，以兵劫太后，将她囚禁起来。康有为睁大眼睛握着谭嗣同的手说："母后固若是其可劫耶！"谭嗣同说："此兵谏也。事成请自拘于司败，古人有行之者矣。"次日，以告梁启超、林旭。梁启超认为很好，林旭认为袁世凯巧诈多智谋，恐事成难制，请召董福祥，谭嗣同不以为然。

八月初一，光绪在颐和园玉澜堂召见袁世凯，着开缺以侍郎候补，专办练兵事务。八月初三，谭嗣同夜访法华寺，劝袁世凯于八月初五请训时，请光绪面付朱谕一道，令其带领本部兵赴天津，见荣禄，出朱谕宣示，立即正法，即以袁某代为直隶总督，传谕僚属，张挂告示，布告荣禄大逆罪状．即封禁电局、铁路，迅速载所部兵入京，"派一半围颐和园，一半守宫"。袁世凯表示同意，并满有把握地说："杀荣禄如杀一狗耳！"但是，守旧势力并没有睡觉。早在七月二十日以后，怀塔布、立山、杨崇伊等就先后前往天津与荣禄密商，袁世凯奉召入京之后，荣禄即假称有英国兵船数只游弋大沽海口，传令各营，准备听调。令聂士成带兵十营来津，驻扎陈家沟，以断袁军入京之路，并派人给袁世凯送信，要他立即回防。

这时，日本首相伊藤博文来北京访问，光绪准备于八月初五召见。一些维新派人士认为，如果对伊藤等人"縻以好爵，使近在耳目，博览周谘，则新政立行"，"中国转贫为富，转弱为强，转危为安之机，实系乎此"。守旧势力则认为："伊藤果用，则祖宗所传之天下，不啻拱守让人。"八月初三，御史杨崇伊通过庆郡王奕劻呈递密折，指控维新派"蛊惑人心，紊乱朝政，引用东人，贻误宗社"，并"吁恳皇太后即日训政，以遏乱谋"。当天，奕劻、载漪同赴颐和园，哭请太后训政，并说："伊藤已定于初五日觐见，俟见，中国事机一泄，恐不复为太后有矣。"慈禧立即决定，改变原定计划，提前于八月初四由颐和园还宫。慈禧直入光绪寝宫，抄走了所有的折件,并将光绪召来,怒斥道:"我抚养汝二十余年,乃听小人之言谋我乎?"光绪战栗不发一语。过一会儿,才结结巴巴地说:"我无此意。"慈禧唾之曰:"痴儿,今日无我,明日安有汝乎?"当即令人将光绪送往瀛台。从此,光绪失掉了人身自由,尽管八月初五袁世凯请训,伊藤博文觐见都按原计划进行,但是,这些活动,都有慈禧的心腹严密监视了。

八月初六,慈禧以光绪的名义发布上谕:

> 现在国事艰难,庶务待理。朕勤劳宵旰,日综万几,兢业之余,时虞丛脞,恭溯同治年间以来,慈禧端佑康颐昭豫庄诚寿恭钦献崇熙皇太后两次垂帘听政,办理朝政,宏济时艰,无不尽善尽美。因念宗社为重,再三吁恳慈恩训政,仰蒙俯如所请,此乃天下臣民之福。由今日始,在便殿办事。本月初八,朕率诸王大臣在勤政殿行礼。一切应行礼仪,着各该衙门敬谨预备。

从此,慈禧又以训政的名义将朝政大权完全收回自己的手中。就在这一天,慈禧以"结党营私,莠言乱政"的罪名,将工部主事康有为革职,并令步军统领衙门将康有为及其弟康广仁拿交刑部治罪。以"滥保匪人,平素声名恶劣"的罪名,将御史宋伯鲁革职,永不叙用。

八月初八,慈禧在勤政殿举行训政大典。由于袁世凯的告密,慈禧已经知道康有为等的密谋。八月初九,又下诏将张荫桓、徐致靖、杨深秀、杨锐、林旭、谭嗣同、刘光第革职,交步军统领衙门拿解刑部审讯。根据刑部的请求，派出军机大臣会同刑部、都察院严行审讯。御史黄桂鋆奏称："若稽时日，恐有中变。"于是，未俟复奏，即以"与康有为结党，隐图煽惑""同恶相济，罪大恶极"等罪名，于八月十三日将康广仁、杨深秀、谭嗣同、林旭、杨锐、刘光第六人杀害。康有为、梁启超在外国人的帮助下逃亡国外。许多参与或支持维新变法的官员，分别受到了降级、革职、流放、监禁的处分。一切新政全被废除，一场自上而下的救亡图存的维新变法运动，被以慈禧太后为首的守旧顽固势力扼杀了。

但是，慈禧并不以此为满足，她还想制造借口，另立新君。她声称光绪"自四月以来，屡有不适，调治日久，尚无大效"；要内外臣工切实保荐精通医理之人，每日编造脉案、药方，传示各衙门，并送交东交民巷各国使馆。人们纷纷传说光绪的皇位即将被别人取代。英、法等国使臣同至总理衙门推荐法国医生给光绪看病，一再请求，都遭到慈禧的拒绝。但是，英、法使臣态度坚决。他们告诉总署："荐医者，非为治病吃药，缘贵国此番举动离奇，颇骇听闻。各国国家商定验看大皇帝病症，为释群疑。已奉国家之电，不能不看。"慈禧不得已，只好派奕劻、载漪和军机大臣监同看脉。光绪本来没有什么大病，一旦真相大白，废立的理由也就不能成立了。慈禧又以废立之事电商各省督抚。两江总督刘坤一在寄给总理衙门的信中说："经权之说须慎，中外之口宜防。"希望皇太后、皇上"慈孝相孚，尊亲共戴，护持宗室，维系民心"。明确表达了他反对废立的态度。最后，慈禧采纳了荣禄的建议，以光绪"痼疾在躬,艰于诞育"为理由,于光绪二十五年十二月二十四日(1900年1月24日)立端郡王载漪之子溥儁为大阿哥。

九、穷途末路

义和团运动刚刚在山东兴起，开展"灭洋仇教"的反帝抗争的时候，慈禧是一意主剿的。她曾多次谕令地方督抚"实力搜剿，毋得养痈贻患"。随着义和团运动的发展和帝国主义侵略的加深，慈禧的态度逐渐发生变化。光绪二十五年十一月初四（1899年12月6日），慈禧屈服于帝国主义的压力，撤换了同情和支持义和团的山东巡抚毓贤，而代之以袁世凯。但是，在十天之内，她接连三次发布谕旨，要袁世凯严饬各属，"遇有民教之案，持平办理，不可徒恃兵力"，"总以弹压解散为第一要义"，并提出警告："倘办理不善，以致腹地骚动，惟袁世凯是问。"这时的慈禧太后，既不敢得罪帝国主义，又害怕一味操切，会激成巨祸。她希望各省督抚，慎选贤吏，整饬地方，与民休息。遇有民教词讼，持平办理，不稍偏重，化大为小，化有为无，从而达到"固根本""联邦交"的目的。后来，山东义和团由于袁世凯的镇压，遭受了严重的损失，直隶的义和团却得到迅猛的发展，并进入北京。光绪二十六年四月二十四日（1900年5月22日），涞水义和团杀死了前往镇压的清军副将杨福同。四月二十九日，义和团约三万人占据了涿州。各国驻华公使在照会清政府强烈要求镇压义和团之后，又不顾清政府的反对，坚持调兵进京保护使馆。五月初三，军机大臣、刑部尚书兼顺天府尹赵舒翘，顺天府尹何乃莹奏称：义和团声势浩大，"诛不胜诛，不如抚而用之。统以将帅，编入行伍，因其仇教之心，用作果敢之气，化私忿而为公义，缓急可恃"。对于这样的意见，慈禧非常欣赏。但是，义和团是否可靠，慈禧还没有把握。五月初九，慈禧派遣赵舒翘、何乃莹前往涿州，"名为宣旨解散，实隐察其情势"。次日，慈禧又加派协办大学士刚毅前往涿州。当晚，慈禧召集各大臣密议对付义和团的策略，经过激烈的争论，决定对义和团实行招抚。五月十二日夜间，各国驻天津领事分别收到本国公使请即火速调兵进京的急电，立即举行会议，决定各派水师弁兵，组成近二千人的联军，以英国海军中将西摩为统帅，美国海军上校麦卡加拉为副统帅，于五月十四日分批乘坐火车自天津开往北京，行至廊房，遭到义和团的阻击。五月十五日，义和团大规模地进入北京。日本驻华使馆书记生杉山彬为董福祥所部甘军士兵击毙。第二天，北京义和团开始焚烧教堂。慈禧派遣启秀等以她的名义慰问各国公使和他们的夫人，并派许景澄、敬信、那桐、赵舒翘等赴英使馆会晤窦纳乐，再次劝阻各国调兵进京。各国公使却联名照会总署，声称"各国之兵现已决计入京，我等无力阻止，深为贵国惋惜"。以保卫使馆为名，强行进入北京的侵略军，在各国使馆官员的指挥下，在北京街头肆意抓捕、驱赶、枪杀，甚至炮击义和团及中国居民。五月十八日，刚毅自涿州奏报察看良乡、涿州一带义和团情形，强调"蚩蚩之众，诛不胜诛"，"非推诚布公，剀切晓谕，使之改悔，不能期其相安，断无轻于用剿之理"。统治集团内部围绕着对义和团是剿还是抚、对帝国主义是战还是和的争论更加激烈。以载漪、刚毅、徐桐为代表的顽固派主张招抚义和团，抗击列强；而奕劻、王文韶、刘坤一、张之洞、袁世凯等中央大员和地方督抚，则主张痛剿义和团，避免列强的武装侵略。慈禧虽然倾向于前者，但是，向列强宣战，事关重大，所以，在一段时间里，依违于剿抚和战之间。为了争取更多人的支持，从五月二十日至二十三日，慈禧连续召开了四次御前会议，讨论剿抚和战问题。在第一天的会议上，两派就展开了激烈的论争。太常寺卿袁昶认为，义和团是乱民，万不可恃。就令有邪术，自古及今，断无仗此成事者。慈禧立即加以驳斥："法术不足恃，岂人心亦不足恃乎？今日中国积弱已极，所仗者人心耳，若并人心而失之，何以立国？"当天晚上，江苏粮道罗嘉杰派遣他的儿子面见荣禄，送上一份机密情报，据称得悉洋人照会，内容共有四条：1.指明一地，令中国皇帝居住；2.代收各省钱粮；3.代掌天下兵权；4.勒令皇太后归政。荣禄得到这一情报，绕屋而行，彷徨终夜，次日黎明，即进呈慈禧。慈禧看了，悲愤交加，决心对列强宣战。五月二十一日申刻，在仪鸾殿召开第二次御前会议。慈禧在宣读了所谓洋人照会的前三条之后，接着表明自己的意见："今日衅开自彼，国亡在目前，若竟拱手让之，我死无面目见列圣。等亡也，一战而亡，不犹愈乎？"与会诸臣纷纷表示愿效死力，有的甚至痛哭流涕。端郡王载漪、侍郎溥良更是激昂慷慨，竭力主战。慈禧又高声说道："今日之事，诸大臣均闻之矣，我为江山社稷，不得已而宣战。顾事未可知，有如战之后，江山社稷仍不保，诸公今日皆在此，当知我苦心，勿归咎予一人，谓皇太后送祖宗三百年天下。"诸臣又叩头说："臣等同心报国。"于是，慈禧命徐用仪、立山、联元往使馆，谕以利害，若必欲开衅者，可即下旗归国。立山以自己不是总理衙门的官员为理由，不愿前往。慈禧勃然大怒说："汝敢往，固当往；不敢往，亦当往。"立山只好与徐用仪、联元一起叩头退出。光绪又令荣禄以武卫军备战守，并要他派兵遥护身入险境的徐用仪等三人。

  五月二十二日，慈禧召开第三次御前会议，筹议和战。五月二十三日，慈禧已经得知罗嘉杰递送的情报纯属伪造。但是，法国驻天津总领事杜士兰关于各国水师提督、统领限清军于五月二十一日凌晨两点将大沽口各炮台交出，否则以武力夺取的照会，已由直隶总督裕禄奏报清廷。杜士兰的照会表明，战争即将开始。当慈禧读到这份照会的时候，大沽口各炮台早已陷落了。这天未刻，慈禧在仪鸾殿召开第四次御前会议，决定宣战。命许景澄等往告各国使臣，限他们于二十四小时内离开北京。光绪不愿开战，拉着许景澄的手说："更妥商量。"慈禧怒斥道："皇帝放手，勿误事。"于是，总理衙门向各国使臣发出照会，令各国使臣及眷属人等，带同护馆弁兵，于二十四小时之内起程，前往天津。五月二十四日上午，德国公使克林德前往总理衙门商议事件，行至东单，被虎神营士兵恩海枪杀。下午，董福祥所部甘军及武卫中军联合义和团，开始围攻东交民巷使馆。五月二十五日，慈禧以光绪的名义发布宣战诏书。诏书中说："朕今涕泣以告先庙，慷慨以誓师徒，与其苟且图存，贻羞万古，孰若大张挞伐，一决雌雄。"慈禧明令嘉奖义和团为"义民"，并令各省督抚将他们"招集成团，借御外侮"。对义和团的方针，由攻剿改为招抚。派左翼总兵英年、署右翼总兵载澜会同刚毅办理义和团事宜。为了加强对义和团的控制，五月二十七日，慈禧派庄亲王载勋、协办大学士刚毅统率京津一带义和团，并派英年、载澜会同办理。但是，慈禧的决定，遭到刘坤一、张之洞等地方督抚的反对，他们联名电奏清廷，力主剿团乞和，并积极活动，与列强订立条约，实行"东南互保"。慈禧的决心开始动摇。五月二十九日，慈禧电谕李鸿章、李秉衡、刘坤一、张之洞等沿江沿海督抚，说明此次宣战并非衅自我开。当天下午，慈禧命荣禄前往使馆慰问各国使臣，并于北御河桥竖立木牌，牌上大书："钦奉懿旨，力护使馆。"六月初三，慈禧在给各驻外国使臣的谕旨中，虽然仍坚持此次兵端，并非衅自我开，但是，义和团则成了"乱民"，说什么"中国即不自量，亦何至与各国同时开衅？并何至恃乱民以与各国开衅？"要他们与各国外交部切实声明，达知中国本意，并表示对各国使馆仍严饬带兵官照前保护，对"乱民"，将"设法相机自行惩办"。在帝国主义的进攻面前，慈禧一方面继续声称"现在中外业经开战，断无即行议和之势"，要求各省将军督抚"务将和之一字先行扫除于胸中"，认真布置战守事宜。另一方面，她却分别致书于俄、英、日三国君主，请他们出面"排难解纷"。接着，任命李鸿章为直隶总督兼北洋大臣，准备与列强谈判。对义和团虽仍继续利用，六月初十，慈禧还拿出内帑银十万两，发给天津浴血奋战的义和团以示奖励。但是，在这之前，慈禧就已谕令载勋"务将假托冒充义和团，借端滋事之匪徒驱逐净尽，倘仍有结党成群、肆意仇杀者，即行拿获，按照土匪章程惩办，以靖地方"了。六月十八日，天津失陷。六月二十一日，慈禧又分别致国书于德皇和美、法两国总统，请他们"设法维持，执牛耳以挽回时局"；令荣禄停止攻打使馆，并令总理衙门给各使馆送去西瓜、面粉、蔬菜、水果、冰块等物。但是，帝国主义并没有停止进攻。七月十八日，八国联军攻陷通州。七月二十日，进入北京。七月二十一日凌晨，慈禧装扮成民间妇女，头挽便髻，身穿蓝布夏衫，带着光绪、皇后、瑾妃、大阿哥及王公大臣十二三人，在二千余名兵勇的卫护下仓皇出逃。行前，将请求让光绪留京的珍妃投入紫禁城乐寿堂后的井中，令奕劻、李鸿章为全权大臣与帝国主义进行谈判。八月十四日，慈禧到达山西崞县，正式发布谕旨，说："此案初起，义和团实为肇祸之由，今欲拔本塞源，非痛加铲除不可。"

慈禧以为，只要她把责任推给义和团，就可以取得侵略者的谅解。但是，各国使臣却以请太后归政，严惩载漪、载澜、载勋、刚毅等支持义和团的王公大臣作为议和的先决条件，同时要求慈禧、光绪及早回銮。在侵略者的压力下，慈禧于闰八月初二日发布上谕，以"纵庇拳匪，启衅友邦"的罪名，将载勋、溥静、载濂、载滢革去爵职，载漪撤去一切差使，交宗人府严加议处，并着停俸。载澜、英年交宗人府、都察院议处，并着停俸。刚毅、赵舒翘交都察院、吏部议处。对于回銮一事，慈禧却很不愿意。因为，北京是在八国联军的控制之下，

九、穷途末路 135

一旦回銮,光绪就可以恢复自由,行使皇帝的权力,慈禧则不能"再预国政",只有"退居深宫,以乐余年"了。这样的条件,慈禧是绝对不能接受的,她不仅不回銮,反而走得更远。闰八月初八,慈禧一行离开太原,前往西安。

经过几个月的反复交涉,除了参加武装侵略的俄、英、美、日、德、法、意、奥八个国家之外,又加上比

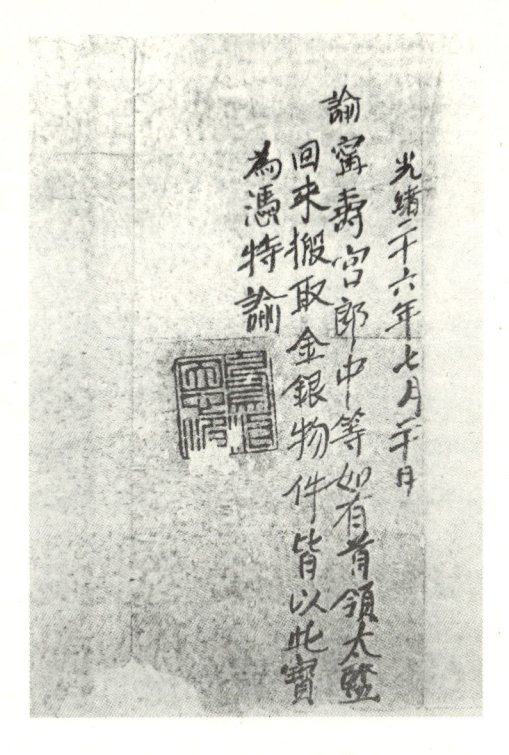

图 9.1 慈禧逃离北京前的手谕

利时、西班牙和荷兰,共同拟定了议和大纲十二条草案。十一月初一,奕劻、李鸿章从美国使馆抄得,立即电告军机处,由军机处转呈慈禧。慈禧看到议和大纲没有将她列为祸首,也没有要她归政光绪,如获大赦,当天就电复奕劻、李鸿章,大纲十二条,原则上"照允"。光绪二十六年十一月二十五日(1901年1月15日),奕劻、李鸿章在议和大纲上签字。十二月二十六日,慈禧发布上谕,表示要"量中华之物力,结与国之欢心"。为了尽快达成和议,慈禧全部接受了帝国主义提出

的条件。光绪二十七年七月二十五日（1901年9月7日），奕劻、李鸿章代表清政府与十一个帝国主义国家签订了空前屈辱的《辛丑条约》。

《辛丑条约》主要内容有：1. 清政府向各国赔偿白银四亿五千万两，以关税、盐税和常关税作为担保，分三十九年还清。2. 在北京设立使馆区，中国人民不准在这个区域里居住，帝国主义各国可以在这里驻兵。3. 大沽炮台以及从北京到大沽的炮台"一律削平"，从北京到山海关铁路十二个战略要地，准许各国派兵驻守。4. 惩办在义和团运动中和帝国主义国家作对的官吏。永远禁止中国人民成立或加入反帝性质的各种组织，"违者皆斩"。5. 改总理衙门为外务部，"班列六部之前"，负责办理今后对帝国主义国家的各种交涉。从此，清政府完全成为了洋人的朝廷。

光绪二十七年八月二十四日（1901年10月6日），慈禧、光绪自西安行宫启跸，取道河南、直隶回京，在开封度过了她的六十七岁生日，并颁发上谕，撤去溥儁大阿哥名号，立即出宫。光绪二十七年十一月二十八日（1902年1月7日）午刻回到北京，结束了她一年零五个月的流亡生活。

为了讨好帝国主义，缓和统治阶级的内部矛盾，欺骗人民，抵制革命，慈禧在西逃的途中，就以光绪的名义下诏罪己，下诏求直言；到达西安后，又下诏变法。她把康有为的变法说成"乱法"，而她发动的政变则是"剪除乱逆"，并非"不许更新"。要求军机大臣、大学士、六部、九卿、出使各国大臣、各省督抚各就现在情形，参酌中西要政，"举凡朝章国故、

九、穷途末路 137

图 9.2 光绪、慈禧西逃后回銮场景

吏治民生、学校科举、军政财政,当因当革,或取诸人,或求诸己。如何而国势始兴?如何而人才始出?如何而度支始裕?如何而武备始修?各举所知,各抒所见,通限两个月,详细条议以闻"。光绪二十八年三月十四日(1902年4月21日),谕令设立督办政务处,作为筹办新政的机关,派奕劻、李鸿章、昆冈、荣禄、王文韶、鹿传霖为督办政务大臣,刘坤一、张之洞遥为参与,根据刘坤一、张之洞等人的建议,陆续实行了一些新政,诸如废科举、兴学校、派遣留学生、鼓励农工商业、编练新军、调整一些政府机构等。但是这些新政,并没有超出戊戌变法的范围。在清朝末年国民革命迅猛发展的形势下,点滴的改良已经无济于事。慈禧也不得不承认,尽管"朝廷屡下明诏，力图变法，锐意振兴"，但是，"数年以来，规模虽具，而实效未彰"。光绪三十一年六月十四日（1905年7月16日），慈禧选派载泽、戴鸿慈、徐世昌、端方、绍英等五大臣分赴东西洋各国考察政治。八月二十六日，五大臣乘火车出京，革命党人吴樾在车站投掷炸弹，载泽、绍英受伤，改于十月二十七日起程。光绪三十二年（1906）五六月，载泽等先后回国，奏请宣布立宪。载泽在密折中说立宪有三大好处：一是皇位永固，二是外患渐轻，三是内乱可弭。经过激烈的争论，七月十三日，慈禧发布了仿行宪政的上谕。但是，立宪的原则是："大权统于朝廷，庶政公诸舆论。"实际上是以立宪之名，行专制之实。并且以"目前规制未备，民智未开"为借口，没有宣布实行立宪的时间。光绪三十四年（1908），由康有为、梁启超发起组织的政闻社联合南洋华侨上书都察院，要求清政府早开国会，由张謇、汤寿潜发起组织的预备立宪公会也联合各省立宪派分子到北京呈递速开国会请愿书。而赴德考察政治大臣于式枚，却一再奏请缓行立宪。六月二十七日，政闻社社员、法部主事陈景仁等电奏，请定三年内开国会，革于式枚以谢天下。慈禧大怒，将陈景仁即行革职，交所在地方官查传管束。七月十七日，又以政闻社内"多悖逆要犯"为借口，将政闻社查禁。但是，要求立宪的已经不只是资产阶级上层的代表人物，还包括一些驻外使臣、地方督抚、中央官员以及皇室成员。为了拉拢立宪派，共同对付革命党人，慈禧于八月初一日颁布《钦定宪法大纲》，并且宣布预备立宪以九年为期。

　　这时，清王朝的统治已处于风雨飘摇之中，国内外矛盾日益尖锐，慈禧"万几待理，心力俱殚"。从光绪三十四年（1908）夏天开始，她就"时有不适"。九月，出现了腹泻。十月初十日，她在西苑度过了她的七十四岁生日。由于举行庆典，她的活动增多，病情继续恶化。十月十四日，出现了"头痛目倦，心中嘈杂难受，烦躁不安，口渴舌干，咳嗽，时而恶寒发热"等症状。次日，又"周身疼痛，面目发浮"。

慈禧临终前一日（即十月二十一日），光绪在瀛台涵元殿含恨死去。为了继续掌握朝政大权，慈禧将光绪的同父异母弟醇亲王载沣之子——年仅三岁的溥仪立为皇位继承人，年号宣统。继承同治，兼祧光绪，慈禧被尊为太皇太后。仿照顺治朝故事，授载沣为摄政王。但是，一切军国政事，载沣都要秉承慈禧的"训示"，"裁度施行"。她万万没有料到，第二天未正三刻，她的长达四十七年的统治就随着她生命的终结而结束了。因为她和光绪的死亡相隔仅有一天，所以，光绪皇帝的死因引起了人们的怀疑，产生了种种传说，成为晚清的一大疑案。慈禧是同治、光绪两朝的实际统治者，她的丧礼按照清朝列代皇帝的规格举行。她生前的徽号，已有"慈禧端佑康颐昭豫庄诚寿恭钦献崇熙"十六字，她死后的谥号，将徽号全部保留，前面加"孝钦"二字，后面加"配天兴圣显皇后"七字，史称孝钦显皇后。宣统元年十月初四（1909年11月16日），葬定陵东菩陀峪，称定东陵。

图 9.3　崇陵

图 9.4　定东陵

图书在版编目（CIP）数据

慈禧太后传 / 王道成著. —— 北京：北京联合出版公司，2022.12
ISBN 978-7-5596-6006-0

Ⅰ.①慈… Ⅱ.①王… Ⅲ.①西太后（1835—1908）－传记 Ⅳ.①K827=52

中国版本图书馆CIP数据核字（2022）第034241号

慈禧太后传

作　　者：王道成
出 品 人：赵红仕
责任编辑：申　妙
封面设计：王柿原
出版发行：北京联合出版有限责任公司
　　　　　北京联合天畅文化传播有限公司
社　　址：北京市西城区德外大街83号楼9层
邮　　编：100088
电　　话：（010）64243832
印　　刷：固安兰星球彩色印刷有限公司
开　　本：880mm×1230mm　1/32
字　　数：100千字
印　　张：4.75
版　　次：2022年12月第1版
印　　次：2022年12月第1次印刷
ISBN 978-7-5596-6006-0
定　　价：46.00元

文献分社出品
未经许可，不得以任何方式复制或抄袭本书部分或全部内容
版权所有，侵权必究